Hohenheim

Roman Herzog

Marktwirtschaft in der Zwickmühle

Eine Antwort auf naheliegende Fragen

Hohenheim Verlag
Stuttgart · Leipzig

Satz: Satz & mehr, Besigheim
Druck und Bindearbeiten:
CPI Moravia Books GmbH, Korneuburg
Printed in Austria

ISBN 978-3-89850-189-7

Inhalt

Vorwort

Die Marktwirtschaft hat sich, nimmt man nur alles in allem, in den jüngstvergangenen Jahrzehnten hervorragend bewährt. Sie hat die verheerenden Schäden, die die beiden Weltkriege und die darauf folgenden kleineren Kriege hinterlassen haben, abzufangen geholfen, sie hat, trotz aller auch bedenklichen Folgen für Umwelt und soziales Gleichmaß, der Menschheit mehr Wohlstand und Fortschritt gebracht als jedes andere denkbare System, und sie hat schließlich das einzige wirklich mit ihr konkurrierende Wirtschaftsmodell im offenen, weltweiten Wettbewerb aus dem Feld geschlagen.

Man mag dazu letzten Endes stehen, wie man will. Aber es ist schon erstaunlich, daß ein so erfolgreiches Wirtschaftsmodell gerade in jenen Ländern zunehmend auf Kritik stößt, die davon bisher am besten gelebt haben. Noch erstaunlicher aber ist es, daß das Wissen um sein Funktionieren, aber auch um seine Möglichkeiten und Grenzen offenbar in dem Maße eingeschrumpft ist, in dem sich die Erfolge einstellten, und diese Medaille hat sogar mehrere Seiten.

In der breiten Öffentlichkeit, vor allem der deutschen, hat sich die Idee der Marktwirtschaft mittlerweile so sehr mit Begriffen wie automatisches Wachstum, immerwährender Wohlstand, ja leichter Erfolg verschwistert, daß die selbstverständlichen Anforderungen, die das System an jedermann stellt, fast vergessen sind. Das ist schon deshalb nicht ungefährlich, weil sich der Verdacht, die politische Stabilität der Bundesrepublik Deutschland beruhe weniger auf ihrer Verfassung als auf ihren wirtschaftlichen Erfolgen, in letzter Zeit augenfällig bestätigt.

Auf der anderen Seite schießen Fehlschlüsse, die mit einem solchen System nun einmal verbunden sind, aus allen Richtungen förmlich ins Kraut: daß ökonomischer Sachverstand *nur,* und noch dazu bei *allen* Wirtschaftsbossen vorhanden sei, daß staatliche Eingriffe *immer* zum Schaden oder, je nachdem, zum Nutzen der Wirtschaft seien, daß detaillierte Reglementierungen besser seien als Versuch und Irrtum, daß ausgerechnet eine regulierte Wirtschaft gleichen Wohlstand für alle schaffen könne, und was dergleichen mehr ist.

Es ist also Zeit, das alles wieder einmal neu zu überdenken. Das vorliegende Büchlein soll dabei helfen, nicht mit der letzten wissenschaftlichen

Akribie, für die mir sowohl Ausbildung als auch Geduld fehlen, wohl aber aufgrund langjähriger nüchterner Erfahrungen und des halbwegs gesunden Menschenverstandes, den ich mir, wie ich hoffe, auch in den Jahren meiner politischen Tätigkeit bewahrt habe.

Der Mythos von der prinzipiellen und unbegrenzten Vernunft des Menschen, aus dem das 18. Jahrhundert lebte und auf dem sowohl die Demokratie als auch die Marktwirtschaft beruhen, ist uns heute aus gutem Grunde abhanden gekommen. An der Demokratie halten wir trotzdem fest, weil, wie wir sagen, ihre Fehler zwar beträchtlich sind, wir aber keine bessere Staatsform kennen. Warum machen wir es mit der Marktwirtschaft nicht genauso?

R. H.

Ungefragte Fragen

Die Marktwirtschaft ist dabei, an Strahlkraft zu verlieren, und das noch nicht zwei Jahrzehnte nach ihrem historischen Sieg über die sozialistischen Systeme.

Geschähe das nur in Ländern, die erst im Zuge des seitherigen Globalisierungsschubs zur Marktwirtschaft übergingen, müßte sich darüber niemand wundern. Es stimmt ja, daß sich in diesen Ländern auch Formen einer »reinen« Marktwirtschaft breit gemacht haben, die in Europa längst überholt sind, und es läßt sich auch nicht bestreiten, daß der Übergang zur Marktwirtschaft für die betroffenen Menschen stets sehr rasch die negativen Folgen des überwundenen Systems offenlegt, während sich die Vorteile des neuen Systems erst allmählich einstellen. Zweifel bei Völkern, die einem solchen schmerzhaften Transformationsprozeß ausgesetzt sind, können niemand überraschen.

Doch der Verlust an Strahlkraft, von dem in diesem Buch die Rede sein soll, spielt sich in ganz anderen Teilen der Welt ab: gerade bei Völkern, die seit langer Zeit in marktwirtschaftlichen Systemen leben und die Erfolge dieser Systeme mehr oder minder in vollen Zügen genießen, nicht zuletzt in Deutschland, das der Marktwirtschaft jetzt sechs Jahrzehnte eines unglaublichen wirtschaftlichen Aufstiegs verdankt und das der Theorie der Marktwirtschaft sogar eine völlig neue, auf »Wohlstand für alle« ausgerichtete Variante hinzugefügt hat: die *Soziale Marktwirtschaft*.

Selbst der Glaube an diese Variante marktwirtschaftlichen Denkens beginnt aber fahl zu werden, und das nicht erst seit dem Beginn der weltweiten Finanzkrise im Sommer 2008. Schon seit Jahren berichten die Demoskopen davon, daß immer mehr befragte Menschen Zweifel an der Gerechtigkeit der Sozialen Marktwirtschaft, ja selbst an ihrer Leistungskraft äußern; bei bestimmten Fragestellungen sollen es bereits mehr als fünfzig Prozent sein. Bei politischen Parteien, die der öffentlichen Meinung immer mehr folgen als sie zu führen, konnte das nicht ohne Folgen bleiben. Die Sozialdemokraten, die sich erst durch ihr berühmtes Godesberger Programm von 1959 zur Sozialen Marktwirtschaft bekannten (und auch da noch mit manchen Formelkompromissen), sind der Konkurrenz der LINKEN und zudem dem Einfluß eines starken linken Parteiflügels ausgesetzt und drohen daran zu zerbrechen. Die bürgerlichen Parteien dagegen bringen weder den Mut noch die Kraft auf, die nötig wären, entschieden für eine marktwirtschaftliche Ordnung einzutreten – ganz abgesehen davon, daß es ihnen offenbar auch an der *gedanklichen Klarheit* fehlt, ohne die eine Bewährung der Marktwirtschaft in der modernen, hoch technisierten und globalisierten Welt nicht zu erwarten ist.

So dümpelt die Frage zwischen Platitüden dahin, die alles erklären sollen und doch nichts erklären. Marktwirtschaft, so heißt es von seiten der Kritiker, beruht auf dem Prinzip des Egoismus und ist daher an sich schlecht – als ob die Bundesrepublik Deutschland nicht die stolzesten sozialen Errungenschaften vorzuweisen hätte und als ob, so zynisch das klingen mag, der Egoismus nicht eine der zuverlässigsten menschlichen Regungen wäre, deren Einsatz gerade deshalb erwogen werden müßte. Aber die andere Seite bleibt dem an Banalitäten nichts schuldig. »Es geht uns doch so gut wie niemals vorher in der Geschichte«, heißt es da – als ob das die Garantie von Wohlstand und Zuwachsraten für Zeit und Ewigkeit bedeute und als ob es im Leben des Menschen nichts anderes gebe als Wohlstand und bequemes Leben.

Mit solchen Platitüden werden sich die Nachdenklichen unter uns Deutschen auf die Dauer nicht zufriedengeben, weder von links noch von rechts. Sie werden ganz andere Fragen stellen und, wenn sie keine halbwegs konkreten Antworten darauf bekommen, ihre Zuflucht in Resignation und Zynismus suchen. Wir wollen in diesem Buch einige tiefergreifende Antworten auf naheliegende Fragen geben. Diese Antworten werden nicht immer neu und schon gar nicht bequem sein. Aber vielleicht können sie ja doch zum Nachdenken anregen, und zu einer Diskussion, aus der dann bessere Antworten entstehen.

Wie funktioniert ein Markt eigentlich? Welche Rolle spielen im Marktgeschehen Erscheinungen wie Besitzstreben, Egoismus, Leistung, Risikobereitschaft, Verzicht und Glück?

Trifft es zu, daß Märkte immer auch zu einer Art Selbstregulierung der Gesellschaft führen? Kann man sich darauf blind verlassen? Oder zumindest unter gewissen Voraussetzungen?

Wer kontrolliert eigentlich das Marktgeschehen und nach welchen Kriterien? Welche Rolle spielen Staat und Politik dabei? Ist der Staat noch unabhängig genug, um die Wirtschaft zu kontrollieren? Gibt es »geborene« Staatsaufgaben, die man dem Markt keinesfalls überlassen kann?

Was ist Marktmacht? Wie entsteht sie? Wer besitzt sie und gegen wen richtet sie sich? Ist sie in der Demokratie überhaupt legitim?

Was bedeutet in unserem Zusammenhang die Globalisierung? Wie begegnet man Marktwirtschaften mit autoritärer Staatsverfassung?

Fragen gibt es also in Fülle. Auf den folgenden Seiten wollen wir versuchen, die herkömmlichen Antworten darzustellen und, wo sie versagen, neue zu finden. Wir werden sehen, wie weit das heute überhaupt möglich ist. Aber oft ist eine gut gestellte Frage ja schon die halbe Antwort.

Das Urmodell: Adam Smith

Die erste systematische Theorie einer Marktwirtschaft stammt von dem britischen Moralphilosophen – nicht Nationalökonomen! – *Adam Smith*, der sie in seinem 1776 erschienenen Buch über den Wohlstand der Völker entwickelte. Wir werden seine Lehre hier allerdings nicht streng nach seinen Ausführungen darstellen, sondern so, wie sie heute meist, kurz und knapp, wiedergegeben wird – es soll hier ja keine Ideengeschichte geboten werden, sondern nur das Fundament für eine zeitgemäße Befassung mit der Marktwirtschaft.

Smith geht von einer *frei wirtschaftenden Gesellschaft* aus: Jeder kann produzieren, wozu er imstande ist, jeder kann seine Produkte nach Belieben anderen, d. h. auf einem Markt anbieten, auf dem es ebenso offen und frei zugeht, jeder kann seine Preisvorstellungen nach eigenem Ermessen festlegen und schließlich darüber entscheiden, ob und an wen er verkaufen will. Das gleiche gilt natürlich auch auf der Käuferseite: Jeder kann entscheiden, für welche Waren oder Leistungen er sich interessiert, zu welchem Preis er kaufen möchte und schließlich, welchem Anbieter er seine Waren zu welchem Preis abnehmen will.

Bei der Unterschiedlichkeit menschlicher Interessen kann es nicht ausbleiben, daß beim ersten Aufeinandertreffen von Anbieter und Nachfrager die Vorstellungen über das gewünschte Produkt, vor allem aber über den zu zahlenden Preis sehr verschieden sind. Beide Seiten werden sich deshalb auch nach anderen Interessenten umsehen, um ihren Zielvorstellungen bei diesen vielleicht etwas näher zu kommen. Zugleich können sie aber auch miteinander im Gespräch bleiben und nach gewissen Verhandlungen zu einem Abschluß kommen. Denn verhandelt muß immer werden, wenn sich widerstrebende Positionen bis zur Deckungsgleiche einander annähern sollen, und dieser Annäherungsvorgang wird um so besser verlaufen, je weniger Konkurrenten sich auf dem Markt befinden und je dringender die beiden Kontrahenten den Abschluß – Kauf oder Verkauf – brauchen. Jedenfalls muß am Ende Übereinstimmung über Vertragsgegenstand und Vertragsbedingungen erreicht sein. Nur dann kommt das erwünschte Geschäft zustande.

Was bei solchen Vertragsverhandlungen auf dem Markt geschieht, wird mitunter – sehr anschaulich – mit einem Vergleich aus der Physik erklärt. Da in unserem Beispiel verschiedene Interessen vereint werden müssen und beide bestimmt mit Nachdruck vertreten werden, bietet sich die Analogie zum *Kräfteparallelogramm* an, in dem zwei verschieden große und verschieden ausgerichtete Kräfte (»Komponenten«) aufeinandertreffen und gemeinsam eine neue Kraft (»Resultante«) bilden. Etwas verkürzt könnte man den schließlich vereinbarten Preis als eine solche Resultante erklären. Darauf werden wir immer wieder einmal zurückkommen.

Nun bestehen Märkte naturgemäß nicht aus Einzelverhandlungen und Einzelabschlüssen, wie wir sie bisher geschildert haben, sondern aus sehr vielen Vorgängen dieser Art, die parallel zueinander, aber auch nacheinander ablaufen und sich, soweit die Möglichkeit gegenseitiger Information besteht, sogar gegenseitig beeinflussen. Das Bild des Kräfteparallelogramms droht damit auf den ersten Blick unrealistisch zu werden, doch das gilt wirklich nur für den ersten Blick. Stellt man sich kein Kräfteparallelogramm mit lediglich zwei Komponenten vor, sondern eines mit unendlich vielen, so kann sich auch aus einem solchen eine Resultante bilden, die dann allerdings keinen Einzelpreis mehr darstellt, sondern einen *allgemeinen* Preis, einen länger gültigen *Marktpreis,* der zwar gewissen Schwankungen unterworfen sein kann, auf den sich die Marktteilnehmer aber *einstellen* können, zumindest als zeitweise gültigen Richtpreis.

Die Vorteile dieses Systems liegen auf der Hand. Kein Unternehmer, der über freies Kapital verfügt und dieses investieren will, wird das für eine Produktion tun, die ihm geringen oder überhaupt keinen Gewinn verspricht. Im Gegenteil: Er wird sein Geld der höchsten Gewinnaussicht folgen lassen, die im allgemeinen auch mit der Versorgung der meisten Nachfrager identisch sein wird. So werden Arbeitskraft, Kapital und Rohstoffe in der Regel gerade dorthin wandern, wo sie für die Versorgung mit sinnvollen Gütern und Leistungen am wirksamsten sind, und die *gesamte Gesellschaft* wird ihren Nutzen davon haben, nicht nur der einzelne Produzent. Außerdem kann auf diese Weise ein ganzes System von Regeln und Üblichkeiten, also von mehr oder weniger verbindlichen *Normen* entstehen, die das Marktgeschehen und damit zugleich das Verhalten der Wirtschaftssubjekte beeinflussen; man denke nur an Marktusancen, an Vertragsformeln, Fachausdrücke und anderes mehr.

Die Regeln, die sich so herausbilden, sind selbstverständlich nicht so starr und unabdingbar, wie wir das von modernen staatlichen Gesetzen kennen, und diese Flexibilität wird vor allem dem gefallen, der die Enge und Stringenz staatlicher Normen für schädlich hält. Darauf soll hier allerdings nicht weiter eingegangen werden. Jedenfalls gibt es auch im modernen Gesetzgebungsstaat eine große Anzahl ungeschriebener Normen, die nicht vom staatlichen Gesetzgeber erlassen worden sind und dennoch, jedenfalls für den Normalfall, eingehalten werden. Man spricht hier zutreffend von der *Selbstregulierungskraft* der Märkte, und wer über Wert und Unwert der Marktwirtschaft rechten will, tut gut daran, das von Anfang an in seine Überlegungen einzubeziehen.

Wohlgemerkt: Hier ist von Selbst*regulierungs*kraft und nicht von Selbst*heilungs*kraft die Rede! Überzeugte Verfechter der Marktwirtschaft neigen im Überschwang ihrer Begeisterung leicht dazu, beide in eines zu setzen. Aber so weit sind wir hier noch lange nicht. Daß die Märkte gewisse Elemente einer Marktordnung, ja sogar einer Wirtschaftsordnung erzeugen können, ist nicht zu bestreiten; aber um das auszudrücken, reicht das nüchterne und wertneutrale Wort »Selbstregulierungskraft« aus. Ob solche Ordnungen für die beteiligten Menschen immer nützlich, gerecht und weiterführend sind, wie es der Wortteil »Heilung« suggeriert, steht auf einem ganz anderen Blatt und wird in unseren Überlegungen noch mehrfach eine Rolle spielen müssen. Jedenfalls wäre es ein Fehler, alles, was freie Märkte an Produkten und sonstigen Ergebnissen erzeugen, automatisch als gut und nützlich zu begrüßen. Märkte werden von Menschen beherrscht und sind schon deshalb ethisch ebenso ambivalent wie der Mensch selbst. Daran ändert auch die Freiheit nichts, die ihnen zugrunde liegt, denn auch Freiheit ist ambivalent. Hier ist also Vorsicht geboten!

Das zeigt sich besonders deutlich am Phänomen des *Wettbewerbs,* ohne den weder Markt noch Marktwirtschaft auskommen – schon deshalb, weil in den Vertragsverhandlungen auf den Märkten immer das für den Nachfrager günstigste Angebot und die für den Anbieter günstigste Nachfrage zum Zuge kommen werden. Sobald auf einer Seite mehr als zwei Interessenten auftreten, werden diese versucht, oft sogar gezwungen sein, die anderen, ihre Konkurrenten, »auszustechen«. Das führt zu immer besseren Leistungen und niedrigeren Preisen auf der Anbieterseite. Wenn die Nachfrage das Angebot übersteigt (oder umgekehrt), kann es aber auch ganz anders gehen: Es wird auch erfolglose Konkurrenten um eine Ware oder einen Kunden geben, und das kann im Extremfall dazu führen, daß ein Unterliegender, dem das immer wieder passiert, vollständig aus dem Markt gedrängt wird. Vom Wettbewerb, der auf jedem Markt stattfindet, geht also ein *Leistungsdruck* aus, der einerseits zu begrüßenswerten Innovationen, andererseits aber auch zu Streß, Erfolglosigkeit und Existenzvernichtung führen kann. Das gibt es zwar auch in anderen Wirtschaftssystemen. Vermerkt werden sollte es aber schon hier.

Nach den Regeln der Marktwirtschaft hat der Wettbewerb nämlich auch die Aufgabe der *Marktbereinigung*. Indem untüchtige Unternehmen auf die Dauer keinen Bestand haben, scheiden sie aus dem Marktgeschehen aus und machen die Ressourcen, die sie bisher für sich in Anspruch genommen haben, für andere, erfolgversprechendere Unternehmen frei. Diese Funktion des Marktes ist für die Betroffenen verständlicherweise sehr hart. Ihre Vorzüge für die Allgemeinheit sollten aber nicht unterschätzt werden.

Bedauerlicherweise wird sie heute vielfach aus kurzfristigen, ja kurzsichtigen Motiven außer

Kraft gesetzt, meist deshalb, weil mit einem untergehenden Unternehmen notwendigerweise auch *Arbeitsplätze* verloren gehen und arbeitsmarktpolitische Gesichtspunkte gerade vor Wahlen eine große Rolle spielen. In der Tat ist die Erfolglosigkeit eines Unternehmens nur selten durch seine Arbeitnehmer verursacht, so daß eine wichtige Folge dieser Erfolglosigkeit wirklich die Falschen trifft. Nur ist der *unveränderte* Erhalt eines solchen Unternehmens eben auch nicht die richtige Lösung. Marktkonform ist, daß ein fallierendes Unternehmen zwar mit staatlicher Hilfe erhalten werden darf, wenn es sich nach Abwägung aller Umstände doch als überlebensfähig erweist, daß in diesem Fall aber wenigstens seine erfolglose *Leitung* ausgewechselt werden muß, auf jeden Fall das *Management,* dessen Unfähigkeit sich ja auch dann nicht leugnen läßt, wenn das Unternehmen selbst noch lebensfähig ist, und was die *Eigentümer* betrifft, so müssen sie für die Zukunft mindestens vom Einfluß auf die Geschäftsführung ferngehalten werden. Man kann sagen, daß auf diese Weise die Sanktionen des Marktes durch eine Art Feinsteuerung gemildert, aber jedenfalls nicht ausgeschaltet werden.

Eines geht jedenfalls nicht: Daß eine Unternehmensleitung, die versagt hat, dieses Versagen hinter dem allgemeinen Mitgefühl mit den Inhabern bedrohter Arbeitsplätze und ihren Familien versteckt. So sind die Gesetze des Marktes nicht gemeint.

Erste Fehlleistung: Die soziale Frage

Das 19. Jahrhundert brachte den europäischen Staaten einen unglaublichen technischen, wissenschaftlichen und wirtschaftlichen Aufschwung. Ausgehend von der Erfindung der Dampfmaschine als Ersatz für menschliche Arbeitskraft und von der Entdeckung der Kohle als Energieträger – beides in England – kam es zur Entstehung völlig neuer Wirtschaftszweige, zur Bildung großer Konzerne und schließlich zur unaufhaltsamen Steigerung der nationalen Sozialprodukte, im Gefolge davon zu immer neuen Erfindungen, auch zu einem ungeahnten medizinischen Fortschritt und schließlich zu einer immer weiterreichenden Ausbeutung weltweiter Ressourcen. Das alles soll hier nicht näher geschildert werden. Betont werden muß aber, daß es sich bei alldem um direkte Folgen der sich mehr und mehr durchsetzenden liberalen Marktwirtschaft handelte.

Die Fortschritte des 19. Jahrhunderts, die sich bis zum heutigen Tage fortgesetzt haben, sind einerseits also unwiderlegliche Beweise für die Schlagkraft und Erfolgsträchtigkeit dieses Wirtschaftssystems. Auf die Dauer erwies sich freilich auch, daß das nur die eine Seite der Medaille war. Das gleiche 19. Jahrhundert bescherte der westlichen Welt auch eine *soziale Katastrophe,* nämlich ein Arbeiterelend, wie es die Welt seit dem Ende des römischen Sklavensystems nicht mehr gesehen hatte und wie es erst im Laufe des 20. Jahrhunderts halbwegs behoben werden konnte. Obwohl es zur gleichen Zeit auch ein furchtbares Landarbeiterelend gab, ist es üblich geworden, mit dem Begriff »soziale Frage« nur das Elend der Industriearbeiter und ihrer Familien zu belegen; daran soll hier nichts korrigiert werden. Dennoch darf der enge Zusammenhang zwischen den beiden Krisen nicht aus den Augen verloren werden. Gerade wegen ihrer miserablen Chancen in der Landwirtschaft strömten generationenlang Massen von Landarbeitern in die Städte, um sich in der dort entstehenden Industrie zu verdingen und sich so eine neue Lebensgrundlage zu schaffen.

Nach den Regeln der damals praktizierten »reinen« Marktwirtschaft konnte das nicht gutgehen. Einerseits setzte sich die sogenannte Landflucht, wie schon angedeutet, generationenlang immer weiter fort, was durch permanente Geburtenüberschüsse sowohl in den Städten als auch auf dem flachen Land noch potenziert wurde, andererseits trafen diese Arbeitermassen in den Städten auf immer größere und mächtigere Industrieunternehmen. Nach den Regeln der »reinen« Marktwirtschaft konnte das nur die Wahl zwischen Arbeitslosigkeit und Arbeit zu Hungerlöhnen bedeuten, und die Korrekturen, die einzelne verantwortungsbewußte Unternehmer versuchten, blieben aufs ganze gesehen Tropfen auf einen heißen Stein.

Die Entwicklung führte zu einer bemerkenswerten Präzisierung des klassischen Marktmodells. Dessen Urheber hatten in einer vorindustriellen Zeit gelebt, und die Unternehmer, die sie als Marktteilnehmer vor Augen hatten, waren entweder kleine Landwirte oder ebenso kleine Handwerker bzw. Händler gewesen. Sie waren untereinander also annähernd gleich stark, und die Einflüsse, die von ihnen auf das Marktgeschehen ausgingen, waren es infolgedessen auch. In den Kategorien des Kräfteparallelogramms ausgedrückt: Die Komponenten, die sie repräsentierten, waren ebenfalls annähernd gleich, und annähernd gleich war daher auch der Einfluß des einzelnen auf das Resultat, den Marktpreis. Diese Gleichheit hatte, wie schon angedeutet, eine stillschweigende Voraussetzung des marktwirtschaftlichen Systems gebildet. Adam Smith hatte das genau gewußt und deshalb eine deutliche Abneigung gegen Aktiengesellschaften an den Tag gelegt.

Es dauerte einige bittere Jahrzehnte, bis aus der Schieflage des Marktmodells die notwendigen Konsequenzen gezogen wurden, und die Art, in der das geschah, ist typisch für die beiden großen Optionen, die in dieser Beziehung immer noch – und augenblicklich wieder nachdrücklicher denn je – miteinander ringen.

Die Arbeiterschaft begann sich selbst zu helfen, nämlich durch die Gründung von *Gewerkschaften* und die Führung von *Arbeitskämpfen.* Die Arbeiter reagierten auf die Übermacht der Arbeitgeberseite und die Entstehung immer mächtigerer Unternehmen mit einer eigenen, nicht weniger nachdrücklichen Konzentration. Man kann das als die Fortführung des Marktmodells in anderen Größenordnungen interpretieren. Am Ende standen sich, zumindest auf dem Arbeitsmarkt, wieder annähernd gleiche Kräfte gegenüber, allerdings in größerer Konzentration, in geringerer Zahl und dementsprechend mit größerer Macht im einzelnen.

Das war aber, wie angekündigt, nur die *eine* Antwort, die auf die soziale Frage des 19. Jahrhunderts gegeben werden konnte. Die andere bestand darin, daß sich der monarchisch-bürokratische Staat, der sich in Deutschland mittlerweile herausgebildet hatte, selbst des Problems annahm. Von sozialen Problemen hatte sich die öffentliche Hand schon in früheren Jahrhunderten nicht völlig ferngehalten, vor allem die heutige Sozialhilfe hatte eine ganze Reihe von – allerdings sehr viel bescheideneren – Vorläufern, die hier nicht aufgezählt werden sollen. Theoretische Unterstützung für soziale Reformen kam von deutschen Sozialpolitikern wie *Friedrich List* und Staatstheoretikern wie *Lorenz von Stein,* der die Idee des *sozialen Königtums* entwickelte und damit auch der Monarchie neuen Inhalt geben wollte. In der praktischen Politik folgte vor allem *Napoleon III.* solchen Vorstellungen, aber auch von *Kaiser Wilhelm II.* sind ähnliche Gedankengänge bekannt, die man nicht einfach ins Reich der Phantasie verweisen sollte. Von grundlegender Bedeutung für das Deutsche Reich waren schließlich aber die *Bismarckschen Sozialgesetze,* vor allem die allgemeine Kranken- und Rentenversicherung, die zwar weniger staatliche Leistungen als Zwangsversicherungen der Betroffenen vorsahen, die aber auch nicht mehr die Armut in Not geratener Menschen durch ein paar Geldleistungen zu beheben suchten, sondern an den wichtigen Verarmungsgründen Krankheit und Alter selbst ansetzten und ihnen die beschämende Folge Armut nahmen. Man kann ruhig zugeben, daß Bismarck damit zugleich der immer stärker werdenden Sozialdemokratie das Wasser abgraben und zudem sich selbst das politische Überleben unter Wilhelm II sichern wollte – eine großartige Leistung war diese Politik doch.

Nur war damit zugleich die zentrale Frage nach der *Stellung des Staates* zu einer auf falschen Gleisen laufenden Marktwirtschaft gestellt, und diese Frage ist bis heute nicht abschließend beantwortet.

Floskeln schön, Konturen spärlich

Fragt man Wirtschaftsfachleute, welche Rolle der Staat im Geschehen der Marktwirtschaft spielen soll, so erhält man meist nur eine einzige Antwort: »Der Staat kann nur den Rahmen vorgeben, der sowohl der Wirtschaft als auch der Gesellschaft nutzt.« Die Richtigkeit solcher Formulierungen wird man schwerlich bestreiten können, schon weil es immer erfreulich ist, daß alles, was geschieht, der Wirtschaft und/oder der Gesellschaft nützt. Das Problem liegt an einer ganz anderen Stelle: Man müßte nun noch eine verläßliche Antwort auf die weitere Frage bekommen, was sich der betreffende Gewährsmann denn unter einem »Rahmen« vorstellt. In diesem Zusammenhang hilft es dann auch nichts, wenn zur Erläuterung Umschreibungen wie »Ordnungsrahmen«, »Rahmendaten« oder ähnliches ins Gespräch gebracht werden. Eine halbwegs exakte Abgrenzung zwischen dem Tätigkeitsbereich der Wirtschaft und dem des Staates war schon immer ein Desiderat ersten Ranges, sowohl im Interesse der Wirtschaft als auch im Interesse »der Politik«, und sie ist es seit dem Beginn der weltweiten Finanzkrise im

Sommer 2008 noch mehr geworden – die endlosen und meist nicht weiterführenden Debatten über die Verstaatlichung von Banken, die staatliche Beteiligung am Aktienkapital von Banken und Industriebetrieben und über Bedingungen bei der Gewährung staatlicher Finanzhilfe haben das vor aller Augen geführt.

Wenn es in der Frage staatlicher Anteilnahme am Geschehen der Marktwirtschaft überhaupt einen gewissen Fortschritt geben soll, werden wir uns also den vieldeutigen Begriff des »Rahmens« genauer vornehmen müssen, und zwar wesentlich genauer, als das bisher zumindest in der interessierten Öffentlichkeit geschehen ist. Denn einen weniger präzisen Ausdruck hat die deutsche Sprache kaum anzubieten, und die staatlichen Interventionen, die die Wirtschaft bisher entweder stillschweigend hingenommen oder, wenn es paßte, vom Staat sogar gefordert hat, lassen ebenfalls auf höchst verschwommene Vorstellungen von dem schließen, was man dort unter einem »Rahmen« versteht. Wir wollen hier weder die begriffliche Systematisierung noch das Streben nach Vollständigkeit übertreiben. Fünf Aspekte, die dem unbefangenen Betrachter auffallen *müssen,* sollen im folgenden aber doch etwas genauer – und etwas kritischer – überprüft werden.

Die Staatsaufgaben nach dem klassischen Liberalismus

Die Autoren des klassischen Liberalismus, an ihrer Spitze der berühmte *Wilhelm von Humboldt,* hatten es in dieser Beziehung noch relativ leicht. Für sie hatte der Staat die vom Bürgertum geschaffene und dementsprechend auch beherrschte Wirtschaft zunächst einmal vor Angreifern von außen und vor Rechtsbrechern von innen zu schützen – womit in moderner Terminologie einerseits die Verteidigungspolitik und andererseits die Gewährleistung der inneren Sicherheit durch Polizei und Strafgerichte gemeint waren. Weniger zweifelsfrei waren schon zusätzliche Forderungen, die sich auf eine für die damalige Zeit fortschrittliche Zivilgesetzgebung richteten, also auf Bürgerliches Recht, Handelsrecht, Wertpapierrecht, Grundstücksverfahrensrecht, Gewerberecht und vieles ähnliche. Und selbstverständlich gehörte zu dem allem auch noch eine unabhängige Justiz, die über die Streitigkeiten, die auf diesen Gebieten entstanden, rasch und unparteiisch entscheiden sollte. Zum

Bürgerlichen Recht und den Wirtschaftsgesetzen sollten also auch noch »moderne« Prozeßgesetze wie die Zivilprozeßordnung und das Gesetz über die freiwillige Gerichtsbarkeit hinzutreten. Auch die Zuständigkeit des Staates für infrastrukturelle Maßnahmen (Straßenbau, Wasserbau u. ä.) und die Festlegung von Zeiteinheiten, Geldwährung, Maßen, Gewichten usw. war unbestritten.

Die Frage war allerdings von Anfang an, ob nicht auch diese allgemein ersehnten Gesetze bereits gewisse Einflüsse auf das ökonomische Geschehen ausübten – was der reinen Lehre des klassischen Liberalismus eigentlich widersprochen hätte. Deshalb ist nunmehr hinzuzufügen, daß eine Zivilrechtsordnung, die einer freiheitlichen und damit marktwirtschaftlichen Gesellschaft dienen soll, auch *in sich* einen freiheitlichen Charakter besitzen, das heißt auf die Wünsche und Entscheidungen des Bürgers weitgehend Rücksicht nehmen muß. Deshalb regelt unser deutsches Zivilrecht viele Themen überhaupt nicht, sondern überläßt sie der freien Übereinkunft der Menschen. Andere Themen sind zwar geregelt, können von den Bürgern aber durch anderslautende Verträge »abbedungen« werden, und in wieder anderen Fällen stellt das Gesetz dem Bürger wenigstens mehrere Möglichkeiten zur Verfügung, zwischen denen er wählen kann, so etwa bei den ehelichen Güterständen. Aber auch diese Freiheitlichkeit hat natürlich gewisse Grenzen, und insoweit engt schon die Zivilrechtsordnung die Entscheidungsfreiheit des Bürgers ein. So sind etwa wucherische Verträge schon nach dem BGB nichtig, und auch sonst hat die Vertragsfreiheit gewisse Grenzen, wie etwa das Beispiel der Haftpflichtversicherung für Kraftfahrzeuge zeigt. Hundertprozentig gültige Regeln gibt es hier also so wenig wie sonst im menschlichen Leben.

Zu den Rahmen, den auch die strengsten Marktwirtschaftler dem staatlichen Gesetzgeber zubilligen, gehören übrigens auch die *Steuergesetze.* Es ist klar, daß jemand, der nicht wie *Karl Marx* die vollständige Auflösung des Staates postuliert, sondern diesem sogar bestimmte Aufgaben zumutet, dann auch die Beschaffung der notwendigen Finanzmittel akzeptieren muß. Nur muß er sich darüber im klaren sein, daß das eine beträchtliche Einengung der Freiheit von Bürger und Wirtschaft bedeutet, einerseits weil diesen selbstverständlich die eingezogenen Gelder fehlen, andererseits weil die Fassung der sogenannten Steuertatbestände sie dazu veranlassen wird, sich so zu verhalten, daß eben keine Steuer oder nur eine geringe anfällt.

Unter Finanzwissenschaftlern und gelegentlich auch unter Finanzpolitikern entwickelt sich daraus mit einer gewissen Regelmäßigkeit eine Diskussion, die schwer zu verstehen ist. Es geht darum, ob sich der Steuergesetzgeber bei der Auswahl seiner Motive streng am staatlichen Finanzbedarf zu orientieren hat oder ob er seine Gesetze auch als *Steuerungsgesetze* verwenden darf, um Bürger und Wirtschaft zu einem ganz bestimmten Verhalten zu veranlassen; unter den Bundesministern *Karl Schiller* und *Franz Josef Strauß* nannte man das »Globalsteuerung«.

Es gibt tatsächlich eine Schule, die dem Steuergesetzgeber nur das erste, nicht aber das zweite Motiv zubilligen, also gewissermaßen nur Steuergesetze und nicht auch Steuer*ungs*gesetze zulassen will, und der reinen Lehre nach verdient sie dafür sogar einige Sympathie. Nur ist es mit reinen Lehren so eine Sache: Sie sind oft zwar richtig, jedoch nicht praktikabel, und so ist es auch hier. Man kann dem Gesetzgeber zwar *Motive* der Wirtschaftssteuerung verbieten, wenn nötig sogar durch verfassungsänderndes Gesetz. Ökonomische *Wirkungen* haben aber auch Gesetze, die *nur* die Beschaffung von Finanzmitteln für den Staat im Auge haben; denn der Bürger, der die Steuern ja schließlich bezahlen muß, fragt nicht nach den Motiven eines Steuergesetzes, sondern nach seinen finanziellen Wirkungen, und das heißt für ihn in aller Regel, sich so zu verhalten, daß möglichst geringe Steuern anfallen. Und nur ganz nebenbei: Die Ermittlung der wirklichen gesetzgeberischen Motive wäre nur ein Geschäft für Gedankenleser und Lügendetektoren!

Schon bei den bisher besprochenen Themen, die man noch am unbedenklichsten als Ordnungsrahmen für Märkte bezeichnen kann, hat sich also gezeigt, daß es *wirklich* lupenreine Grenzen zwischen einem marktkonformen und einem nicht marktkonformen Verhalten des Staates nicht gibt, und das ist um so bemerkenswerter, als die meisten Gesetze, die wir hier als Beispiele angeführt haben, schon um die Wende vom 19. zum 20. Jahrhundert entstanden sind, also zu einer Zeit, deren *politische* Liberalität man zwar anzweifeln kann, deren *Wirtschafts*liberalität aber unbestreitbar ist. Das wirft Fragen auf, die hier immer wieder – und in immer wieder neuen Formen – auftreten werden.

Marktkonformes Marktverhalten

Die Marktteilnehmer haben sich oft nicht daran gehalten – dennoch mußte von Anfang an jedem klar sein, daß das Funktionieren eines Marktes nicht nur von diesem selbst, sondern auch vom Verhalten der Marktteilnehmer abhängt. Dieses Verhalten läßt sich nicht vollständig in Gesetzen und sonstigen Verhaltenscodices beschreiben, sondern es kommt auch auf das *Ethos des einzelnen* an. Dazu nur wenige Beispiele.

Je komplizierter die Waren und Dienstleistungen werden, die auf unseren Märkten angeboten werden, desto schwieriger wird es für den durchschnittlichen Kunden, sich über die *Qualität* des Angebotenen ein halbwegs verläßliches Urteil zu bilden. Niemand kann erwarten, daß alle Güter, die feilgehalten werden, von absolut gleicher Qualität sind. Er muß sich aber darauf verlassen können, daß er über die Qualitätsunterschiede einigermaßen informiert wird und daß dort, wo es sie gibt, das auch in unterschiedlichen Preisen seinen Niederschlag findet. Der heute üblichen Werbung kann man in diesem Punkt – *sehr* vorsichtig gesprochen – nicht in allen Beziehungen vertrauen, und die Regeln, die das seit Jahrzehnten bestehende Gesetz über den unlauteren Wettbewerb (UWG) und die dazu ergangene Rechtsprechung anzubieten haben, befriedigen auch nicht entfernt, schon weil sie zu Prozessen führen, die der geschädigte Wettbewerber ebenso wie der hinters Licht geführte Kunde allein zu führen – und zu bezahlen haben. Die gegenwärtige Rechtslage ist alles in allem wenig zufriedenstellend, weil die unbestreitbaren Anstrengungen der Wirtschaft oft zu kurz greifen, der Gesetzgeber in diesem Punkt zu sehr an die Selbstheilungskräfte des Marktes glaubt und Teile der Werbewirtschaft offenbar darauf ausgehen, die Grenzen zwischen Werbung und Betrug immer weiter auszutesten. Es wäre schon viel gewonnen, wenn Geschädigten in Prozessen nach dem UWG regelmäßig Prozeßkostenhilfe geleistet würde und wenn sich geschulte Staatsanwälte als Streithelfer an solchen Verfahren beteiligen könnten.

Anzuerkennen ist, daß der deutsche Gesetzgeber das Problem noch von einer ganz anderen Seite her angepackt hat, nämlich durch die Gründung der staatsunabhängigen *Stiftung Warentest*, die mittlerweile einen festen Platz im öffentlichen Bewußtsein hat. Allerdings müßte in diesem Zusammenhang eine Spezialfrage gelöst werden, die ihrerseits an ethische Grenzen rührt: Wenn die Stiftung die Untersuchungen, die zur Bewertung einer Ware führen sollen, durch eigenes Personal, das heißt *selbst* durchführt, wird man ihr uneingeschränkt Vertrauen schenken können. Wenn das aber durch *Vertragsfirmen* geschieht, entsteht das Problem der Kontrolle und nicht minder das der Transparenz. Beides ist bisher nicht befriedigend gelöst.

Die Bankenkrise, die seit dem Sommer 2008 die gesamte Wirtschaft erschüttert, hat zu diesem Themenkreis übrigens Beispiele beizusteuern, die man nur als erschütternd bezeichnen kann. Seit Jahren war schon zu beobachten, daß viele Banken, die an unsichere Kunden Kredite vergaben, dafür *Bürgschaften* von der Ehefrau oder gar den Kindern des Kreditnehmers verlangten, obwohl sie wußten, daß diese Bürgschaften tatsächlich in Anspruch genommen werden würden und die Bürgen auf Zeit und Ewigkeit zu Schuldsklaven machen würden. Das Thema war, wie gesagt, bekannt, aber das führte, wie man ohne Übertreibung sagen kann, weder dazu, daß die fraglichen Banken ihre Angestellten zu äußerster Vorsicht oder gar zu eingehender Beratung der Bürgen anhielten, noch dazu, daß sie in wirklichen Skandalfällen von sich aus

Abhilfe anboten. Es bedurfte eines Schwenks in der Rechtsprechung der höchsten Gerichte, um wenigstens die übelsten Fälle dieser Art zu korrigieren, und selbst dann wurden diese Gerichte noch des illegitimen Eingriffs in die Marktfreiheit bezichtigt. Man hätte die moralische Brisanz dieses Themas doch eigentlich auch selbst erkennen können.

Sehr groß kann die Lehre aber nicht gewesen sein, die man aus dieser Erfahrung zog. Die zahllosen *Aktienderivate,* die in den vergangenen Jahren auf den Markt kamen und von meist börsenunerfahrenen Menschen – zugegebenermaßen aus Gewinngier – ohne jegliche Kenntnis ihres Funktionierens und der mit ihnen verbundenen Risiken erworben wurden, waren schließlich Musterbeispiele für unverständliche und unkalkulierbare Angebote, wie sie auf einem rationalen Markt niemals auftreten dürften. Firmen, die so etwas anbieten, können eigentlich gar nicht mehr als Banken bezeichnet werden. Sie gehören in das Lotteriewesen, auch dann, wenn sie nicht mit Angestellten arbeiten, die am Gewinn jedes Verkaufs beteiligt sind. Abhilfe ist in allen diesen Fällen dringend nötig, am besten natürlich durch die betreffenden Banken selbst. Wenn das aber nicht funktioniert, muß ein Rahmensystem für diesen

Markt vom staatlichen Gesetzgeber geschaffen werden.

Sorge für Gleichheit im Markt

Adam Smith, der »Vater« der Marktwirtschaft, stand der Idee von Aktiengesellschaften, wie schon einmal erwähnt, sehr skeptisch gegenüber. Das bedarf keiner langwierigen Erklärungen. Adam Smith lebte, wie ebenfalls schon erwähnt, in einer vorindustriellen Zeit, in der sich auf den Märkten fast ausschließlich handwerkliche oder landwirtschaftliche Produzenten und Händler tummelten, die alle annähernd gleich groß waren und daher auch ungefähr den gleichen Einfluß auf das Marktgeschehen ausübten, oder, um im Bild des Kräfteparallelogramms zu bleiben, diesem annähernd die gleichen Komponenten einfügten. Die Gefahr, daß einer von ihnen die Resultante übermäßig beeinflußte und seine Konkurrenten daher dominierte, war also sehr gering. Nur Aktiengesellschaften und ähnliche wirtschaftliche Ballungen hätten daran Wesentliches ändern können.

Genau das geschah dann aber während des 19. Jahrhunderts, das nicht nur eine rasche Technisierung der Wirtschaft und in ihrem Gefolge eine immer weiter umsichgreifende Industrialisierung mit sich brachte, sondern auch die Entstehung großer Wirtschaftskomplexe. Das bedeutete, daß gerade auch im Marktmodell eine Dominanz der großen Unternehmen über die kleinen einriß, weil – wieder in den Kategorien des Kräfteparallelogramms gesprochen – diese zum Teil gewaltig große Komponenten einbrachten und damit zunehmend auch überproportional auf die Resultante Einfluß nahmen. So entstand eine zum Teil massive *Marktmacht,* die zur Herrschaft der großen über die kleinen Marktteilnehmer führte. Auf dem Arbeitsmarkt haben wir sie bereits kennengelernt. Natürlich etablierte sie sich auch im Verhältnis *zwischen* den Unternehmen, und niemand konnte ernstlich behaupten, daß das im Sinne des ursprünglichen Marktmodells war.

Das Problem besteht bis zum heutigen Tage fort, ja es verschärft sich im Zeitalter der Globalisierung mit ihren zum Teil dramatischen Firmenzusammenschlüssen sogar noch weiter, und damit steht wieder einmal die Funktionsfähigkeit des gesamten Systems auf dem Spiel. Die Frage muß also geregelt werden.

Aber hier stockt der Betrachter bereits. Gehören solche Regelungen wirklich noch zu dem, was man als *Rahmen* oder *Ordnungsrahmen* bezeichnen kann? Wenn ich recht sehe, hängt das nur von der Art der Betrachtung und damit von der Willkür des Betrachters ab. Soll es um einen Rahmen gehen, innerhalb dessen sich der *Markt* bewegt, so läßt sich die Frage wesentlich schwerer bejahen als wenn man den Begriff »Rahmen« auf die *Wirtschaft selbst* bezieht; denn dann bildet der Markt selbst einen Rahmen für die Entwicklung der Wirtschaft.

Es versteht sich von selbst, daß so schwerwiegende Fragen nicht durch derlei begriffliche Spielereien entschieden werden können, und tatsächlich hat sich die politische Praxis schon seit Jahrzehnten auf legislatives Handeln festgelegt. Gegen Kooperationen mehrerer Unternehmen, durch die bewußt der Wettbewerb auf dem Markt ausgeschaltet werden soll, gibt es fast in allen Staaten eine mehr oder weniger strenge *Kartellgesetzgebung*, und da der formelle Zusammenschluß von Unternehmen dasselbe bewirkt und zudem ungleich wirksamer ist als die bloße Kooperation fortbestehender Einzelunternehmen, hat sich das gesetzgeberische Interesse verstärkt auch auf die *Fusionskontrolle* konzentriert. In Europa ist diese sogar zu einem Arbeitsschwerpunkt der EU geworden.

Ein Staat, der dieses Thema ernst nimmt, wird sich damit allein freilich nicht begnügen, zumal es, wie schon angedeutet, im Zeitalter der Globalisierung auch in Zukunft immer mehr Firmenzusammenschlüsse geben wird, auch solche internationaler Art. Bei der Entstehung immer neuer Weltmärkte wird das kaum zu verhindern sein, es wird aber auch zu Problemen führen: Verringerung der Menschen mit selbständiger wirtschaftlicher Dispositionsfreiheit, Schrumpfen der sogenannten Zivilgesellschaften, geringere Flexibilität der Märkte, Nichtbedienung spezieller, aber nicht im Weltmaßstab gewinnträchtiger Bedürfnisse usw., und auch dadurch kann das marktwirtschaftliche System allmählich ins Gedränge geraten.

Viele Staaten sind deshalb zu einer Politik übergegangen, die man etwas vollmundig als *aktive Mittelstandspolitik* bezeichnet. Dem wird man nur zustimmen können. Das marktwirtschaftliche System wird immer bürokratischer und starrer werden, je weniger Unternehmen sich auf einem konkreten Markt betätigen, und das kann weder zum Vorteil der Menschen noch zum Vorteil des Systems sein. Folgerichtig wird es darauf ankommen, daß im gleichen Maße, in dem Unternehmen sowohl nach ihrer Größe als auch nach ihrem Aktionsbereich »nach oben abschwimmen«, von unten immer wieder neue, kleinere, dafür aber auch beweglichere Unternehmen nachdrängen oder, wenn das nicht aus sich heraus geschieht, durch staatliche Hilfe *nachgeschoben* werden. Mittelstandspolitik dient nicht nur dem Erfolg des einzelnen Unternehmers. Sie dient auch dem marktwirtschaftlichen System als Ganzem, das ja, wenn es recht verstanden und richtig praktiziert wird, letztlich auch dem einzelnen Menschen dient. Aber ein Bedenken besteht auch hier: Kann eine solche Politik noch als Bestimmung eines Rahmens für die Märkte bezeichnet werden oder ist sie bereits deren aktive Gestaltung?

Korrektur von Fehlleistungen des Marktes?

In den bisherigen Abschnitten dieses Kapitels sind schon genug Beispiele dafür aufgeführt worden, daß der moderne Staat sich mit ökonomischen Fragen befaßt und damit auch in die Wirtschaft und ihre inneren Abläufe eingreift. Aber bisher hat sich auch die übliche Formel bestätigt, daß er sich dabei darauf beschränken soll, den Märkten und den auf ihnen agierenden Unternehmen einen Rahmen vorzugeben, innerhalb dessen sie sich frei bewegen können. Aufmerksamen Lesern wird aber gewiß nicht entgangen sein, daß es schon in einem früheren Kapitel um eine staatliche Aktivität gegangen ist, die man beim besten Willen nicht mehr als *Rahmensetzung* durchgehen lassen kann, sondern die man, vom Marktmodell aus gesehen, schlichtweg als *Systembruch* bezeichnen muß. Gemeint ist die *staatliche Sozialpolitik,* die sich seit dem 19. Jahrhundert – in Deutschland seit den berühmten Bismarckschen Sozialgesetzen – zu einer zentralen staatlichen Aufgabe entwickelt hat.

Das Grundsätzliche an der Entwicklung, die zur Notwendigkeit einer solchen Politik führte, ist schon behandelt worden; das soll hier nicht wiederholt werden. Hinzuzufügen ist nun jedoch, daß seither im *Umweltschutz* und in der sogenannten *Klimapolitik* weitere Problemfelder aufgetreten sind, die dieselbe Frage aufwerfen: ob der Staat auch dazu berufen ist, Fehlentwicklungen, die sich aus Fehlleistungen der Wirtschaft ergeben und durch das Marktmodell offenbar nicht verhindert werden, von sich aus und durch eigene Maßnahmen zu korrigieren. Wenn man sie so allgemein formuliert, heißt diese Frage stellen, sie auch bejahen. Allerdings entsteht dann das Problem, daß zu diesem Zweck weitere Eingriffe in die Wirtschaft notwendig werden (als Verbote und als zusätzliche Steuerbelastungen) und daß sich dahinter die weitere, fundamentale Frage auftut, welche Funktionen der Staat in der heutigen Zeit *überhaupt hat* und welchen er noch halbwegs *gerecht werden kann.*

Zum ersten Mal stoßen wir hier auf die verwirrende Tatsache, daß Generationen von Staatstheoretikern, Politikwissenschaftlern, Soziologen und Ökonomen bisher nicht imstande waren, nach den wirklich grundstürzenden Änderungen des 19. und 20. Jahrhunderts klare Aussagen über die *Aufgaben des Staates* zu machen und diese dann auch noch auf den *Weltmaßstab* zu übertragen, das heißt auch darauf eine Antwort zu geben, was wegen der inzwischen gewachsenen internationalen Zusammenhänge gar nicht mehr von den einzelnen Staaten bewältigt werden kann, sondern auf eine höhere, *übernationale* Ebene »verschoben« werden muß.

Staatsunternehmen

Nach alldem ist es nicht gerade leicht, die Grenzen staatlicher Marktregulierung richtig abzustecken. Bald muß man sich fragen, ob konkrete, meist seit langem übliche Regeln noch als »Rahmenbedingungen« der Marktwirtschaft hinnehmbar sind, ja ob nicht mittlerweile dieser Begriff so schwammig geworden ist, daß er keine Sicherheit für die Marktkonformität staatlicher Maßnahmen mehr bietet. Bald wird trotz allgemeinen Glaubens an die Weisheit des Marktes ein wachsender Teil des jährlichen Sozialprodukts auf die Heilung der von ihm geschlagenen Wunden verwendet, und dabei ist noch nicht einmal die stärkste Provokation für das ganze System erwähnt worden: die Existenz von *Staatsunternehmen* auch in Staaten mit unbestreitbarer marktwirtschaftlicher Ausrichtung.

In dieser Frage hat das Frühjahr 2009 Lücken des öffentlichen Wissens bloßgelegt, über die man sich nur verwundert die Augen reiben kann. Ausgangspunkt war, daß sich die Bundesregierung, die die in schwere See geratene Commerzbank mit einer stattlichen Summe von Euro-Milliarden unterstützt hatte, 25 Prozent der Commerzbankaktien zur teilweisen Absicherung dieser Beträge übertragen ließ. Der Aufschrei, der daraufhin durch Deutschland ging, war allgemein, wenn auch aus verschiedenen Gründen. Die einen sagten, bei der Transaktion handle es sich um eine *Verstaatlichung*, obwohl dieser Begriff doch wohl nur bei einem *vollständigen* Übergang an den Staat gerechtfertigt ist. Andere wiesen, nicht ganz zu Unrecht, darauf hin, daß der Staat für das Bankgeschäft ganz allgemein wenig geeignet sei; aber das ist mit einem Anteil von 25 Prozent ohnehin nicht möglich (und auch gar nicht beabsichtigt), und außerdem haben sich die Leistungen vieler Privatbanken mittlerweile auch nicht als besser erwiesen als die mancher öffentlichen Banken. So fand jeder ein anderes Haar in der Suppe.

Nur daß es für einen Staat, der Milliarden an ein Unternehmen überweist, wichtig sein könnte, wenigstens einen Teil davon mit Aussicht auf mittelfristigen Gewinn angelegt zu wissen, beschäftigte sehr wenige, und die Proteste, die aus manchen höheren Etagen zu hören waren, konnten sogar die Frage aufwerfen, ob Herren, die staatliches Geld zwar annehmen, aber nicht absichern wollen, dieses Geld vielleicht für immer behalten wollen. Ein Schuft, der Böses dabei denkt!

Dabei gibt es ein leuchtendes Beispiel für die jahrzehntelange Beteiligung des Staates an einem Wirtschaftsunternehmen, die zwar gegenwärtig aus Brüssel und Luxemburg in Frage gestellt wird, für die große Teile der deutschen Öffentlichkeit aber bis zum Letzten zu kämpfen bereit sind:

die Beteiligung des Landes Niedersachsen an der Volkswagen A. G. Offenbar gibt es bei Fachleuten wie bei Laien einen Unterschied zwischen Dingen, an die man sich seit langem gewöhnt hat, und völlig gleich gelagerten Dingen, die ganz neu daherkommen!

Auch damit ist der Gipfel der Skurrilität allerdings noch nicht erreicht. So lebenswichtige Wirtschaftszweige wie Eisenbahn, Post- und Fernmeldewesen wurden in unserem Land mit ausdrücklicher Billigung des Grundgesetzes (!) jahrzehntelang als unselbständige Anstalten des öffentlichen Rechts, das heißt als reine Staatsbetriebe geführt, Aktien von ihnen befinden sich noch heute, Jahre nach ihrer Privatisierung, im Besitz des Bundes. Und selbst ein großer Teil unserer elektronischen Medien befindet sich – aus guten Gründen! – in der Hand öffentlicher Unternehmen – teilweise zwar staatsunabhängig, aber als Anstalten des öffentlichen Rechts eben doch nur teilweise. Es ist schwer zu verstehen, warum dann gerade der Viertelsanteil an einer Geschäftsbank ein Verstoß gegen den heiligen Geist der Marktwirtschaft sein soll.

Eine magere Zwischenbilanz

Die Bilanz dieses Kapitels, so kurz es war, ist ernüchternd.

Staat und Politik haben schon bisher auf vielen Gebieten, zu den verschiedensten Zwecken und mit den unterschiedlichsten Methoden in das wirtschaftliche Geschehen interveniert, und das bei prinzipieller und ernsthafter Anerkennung marktwirtschaftlicher Prinzipien. Die Gesellschaft und selbst die Wirtschaft haben das meist akzeptiert, und beide haben, soweit das erkennbar ist, auch gut davon gelebt, sowohl in finanzieller Hinsicht als auch durch den inneren Frieden des Landes, der so gesichert wurde.

Eine handfeste und vor allem praktikable *Formel* für das Verhältnis von Staat und Wirtschaft hat sich dabei allerdings *nicht* herauskristallisiert. Die beliebte Redensart, daß der Staat nur den Rahmen für das Wirken der Wirtschaft zu schaffen habe, ist jedenfalls keine Lösung. Sie ist zu vage, als daß aus ihr klare und verläßliche Verhaltensregeln zu gewinnen wären. Ginge man noch einen Schritt zurück, etwa auf eine Verantwortung des Staates für ein *Minimum* an Wohlstand und sozialer Sicherheit aller Bürger, so wäre an Klarheit und

Verläßlichkeit auch nichts gewonnen. Und wenn man den gelegentlich zu hörenden Forderungen folgen wollte, der Staat solle sich, im Sinne der frühesten Liberalen, allein auf die Bewahrung äußerer und innerer *Sicherheit* beschränken, wäre nicht nur das gesamte, in vielen Jahrzehnten geschaffene deutsche Sozialsystem, sondern mit ihm gleich auch noch ein Großteil der geltenden Zivilrechtsordnung aufzugeben. Der Weisheit letzter Schluß wäre das auch nicht.

Also Bert Brecht: »Der Vorhang zu und alle Fragen offen.«? Ist das die Lösung? Und wenn ja – woran liegt das dann?

Der Hintergrund: Staat und Gesellschaft

Das zentrale Postulat marktwirtschaftlichen Denkens ist die weitestgehende Freiheit der Wirtschaft und ihrer Märkte von staatlichen Interventionen. Sie läßt sich in der realen Welt zwar nicht immer lupenrein durchhalten, sollte aber doch so weit wie irgend möglich sichergestellt sein. Diese Forderung hat schon *Adam Smith* aufgestellt, und um sie geht es noch heute in allen wirtschaftspolitischen Debatten.

Damit fügt sich die Lehre von der Marktwirtschaft in ein größeres Denksystem ein, das die politische Theorie Europas im letzten Vierteljahrtausend zunehmend beherrscht hat. Es baut auf dem Gegensatzpaar *»Staat und Gesellschaft«* auf und läßt sich noch durch weitere, ähnliche Gegensatzpaare konkretisieren: Hierarchie und private Initiative, Gleichheit und Freiheit, Regel und Spontaneität. Diese Kontrastpaare werden bestehen bleiben, solange es die Idee der menschlichen Freiheit gegenüber dem Staat gibt, und diese ist eine der größten Errungenschaften Europas.

Die Wirtschaft steht in diesen Debatten auf seiten der Gesellschaft, sie ist, wie der gebräuchliche Ausdruck dafür lautet, ein *Subsystem der Gesellschaft.* Wie diese lebt sie von Freiheit, Kreativität und individueller Tatkraft. Deshalb sollten wir jetzt das Verhältnis zwischen Staat und Gesellschaft näher beleuchten. Es läßt sich vieles daraus lernen, was für das richtige Verständnis marktwirtschaftlichen Denkens fruchtbar ist.

Die Entstehung der modernen Gesellschaft

In Europa bestanden seit der Völkerwanderung aristokratische Herrschaftssysteme, zwar mit verschiedenen, auch wechselnden Machtebenen, am unteren Ende aber, wo wirklich Herren und Untertanen aufeinander trafen, durch ein auf die Interessen der Herren zugeschnittenes System der *Grundherrschaft* geprägt. Die Wirtschaftsform war agrarisch, soweit es das karge Land nördlich der Alpen überhaupt zuließ. Spezialisiertere Berufe gab es immerhin im Handwerk, meist auf Herstellung oder Reparatur landwirtschaftlicher Geräte und damit auf metallverarbeitende Tätigkeiten konzentriert. Für Ausdifferenzierung und Niveauverbesserung war unter diesen Umständen wenig

Platz, sofern nicht – etwa im Kirchenbau – Großaufträge der herrschenden Schichten Freiräume dafür schufen.

Aber es gab Bereiche, in denen sich die Monotonie dieses agrarisch-aristokratischen Gefüges allmählich aufzulösen begann, sowohl regional als auch der Funktion nach. In den *Klöstern* entwikkelte sich eine Wissenschaft, die sich immer weiter voranfragte und dabei die Untersuchung natürlicher Zusammenhänge und technischer Möglichkeiten nicht aussparte. Vor allem aber spielten die *Städte,* deren Zahl seit dem 12. Jahrhundert erkennbar zunahm, in dieser Beziehung eine Rolle. Durch ihre Handelsverbindungen erweiterten sie ihre Anbieter- wie auch Absatzmärkte und sorgten damit zugleich für die Höherentwicklung der Warenangebote und die Steigerung der Gewinnchancen. Außerdem faßten in ihnen Institutionen Fuß, aus denen immer wieder neue Erkenntnisse und Gewinnchancen, dazu aber auch neue Quellen individuellen Selbstbewußtseins entsprangen: Schulen, Universitäten, Bibliotheken, Bauhütten und Handelsgeschäfte, die zum ersten Mal sogar die Bezeichnung als *Handelshäuser* verdienten.

So entstand aus vielen Impulsen allmählich eine neue soziale Schicht, das *Bürgertum,* das sich aus der Landbevölkerung herauslöste und zwischen die bisher dominierenden Schichten des Adels und der Geistlichkeit drängte, sich beiden zumindest gleichwertig fühlte und deren politische Präponderanz offen in Frage stellte. Gewiß gab es in dieser Entwicklung auch Niederlagen und Rückschläge. Aufs ganze gesehen erwies sich der Aufstieg der neuen Klasse aber als unaufhaltsam, gerade in solchen Wirtschaftszweigen, die es ursprünglich noch gar nicht gegeben hatte, die also erst allmählich entstanden waren.

Daß diese Entwicklung im Bürgertum ein erhebliches Selbstbewußtsein und noch mehr das Verlangen nach dessen Anerkennung auslöste, versteht sich von selbst. Wie weit das ging, zeigt am besten ein Zitat aus der Kampfschrift »Was ist der Dritte Stand?«, die der Abbé Sieyès 1788, am Vorabend der Französischen Revolution, veröffentlichte. Schon im ersten Satz beantwortete er die Titelfrage unumwunden: »Alles!« Der Dritte Stand, eben das Bürgertum, war für ihn alles, und um ja keinen Zweifel daran aufkommen zu lassen, fügte er an anderer Stelle hinzu: Wenn sich Adel und Klerus nicht an einer Regierung mit dem Dritten Stand beteiligen wollten, könnten sie dorthin zurückkehren, woher sie einst gekommen seien

– in die dunklen germanischen Wälder. Die Selbsteinschätzung war also eindeutig, und sie war vor allem zur Grundlage für die Forderung nach einem umfassenden Mitbestimmungsrecht geworden, nicht nur in der Wirtschaft, die das Bürgertum ja ohnehin selbst betrieb, sondern auch in der Politik, aus der es von Adel und Klerus bisher geflissentlich herausgehalten worden war. Das Resultat war unausweichlich. Es war die Französische Revolution.

Die Utopie des Jean Jacques Rousseau

Sieyès war in seiner revolutionären Schrift immerhin bereit, eine Zusammenarbeit der drei Stände zu akzeptieren, und tatsächlich folgte die Revolution in ihrer ersten Phase dieser Vorstellung. Ein Vierteljahrhundert früher hatte ein anderer die Dinge allerdings schon sehr viel radikaler durchdacht: *Jean Jacques Rousseau* (1712–1778), der 1762 das Buch »Du contrat social ou principes du droit politique« auf den Markt gebracht hatte, den berühmten »Contrat social«.

An eine Funktionenteilung zwischen Staat und Bürgertum, wie sie sich aus den Eigengesetzlichkeiten des Wirtschaftslebens eigentlich ergab, dachte Rousseau nicht – anders als spätere deutsche Autoren wie *August Ludwig von Schlözer, Lorenz von Stein* oder *Robert von Mohl.* Er glaubte an eine Gesellschaft, die aus sich heraus entstanden war und deshalb auch für alles zuständig sein sollte, was sich in ihrem Bereich abspielte. Damit ersparte er sich zwar komplizierte Detailfragen, mit denen wir uns noch heute herumschlagen, aber dafür rückte eine andere, nicht weniger schwierige Frage in den Mittelpunkt: Wenn die Gesellschaft *alle* Reglementierungen vornehmen muß, die in ihrer Mitte notwendig werden, wie schafft sie das in der Praxis?

Rousseau forderte zu diesem Zweck eine umfassende *direkte Demokratie.* Das lag bei seiner engen Verbindung zu dem calvinistischen Stadtstaat Genf zwar nahe, aber es warf eine weitere Frage auf: Wieso konnte man erwarten, daß der entscheidende Souverän, das Volk, immer »richtige« oder gar »weise« Entscheidungen treffen würde?

Hier sind wir am Kernpunkt seines Denkens. Er unterschied nämlich zwei Denkweisen (»Willen«) des Menschen: den genossenschaftlichen oder Gemeinwillen und den individuellen Willen, und diese Unterscheidung ist bei ihm fundamental.

Der individuelle Willen des Menschen ist nach Rousseau von vordergründigen, egoistischen Motiven bestimmt, er ist recht verstanden ein *irregeleiteter* Willen, und das wird auch nicht besser, wenn er sich mit allen anderen Bürgern zum *Willen aller* (»volonté de tous«) vereinigt; er bleibt auch dann auf die Privatinteressen ausgerichtet.

Der Gemeinwille ist dagegen der *wahre Willen* des Menschen, gesteuert von Vernunft und Rücksichtnahme auf die Mitmenschen. Vereinigt mit den Gemeinwillen aller anderen Bürger wird er zur »volonté générale«, zum vernünftigen Willen des Volkes.

Die alles entscheidende Frage ist dann allerdings: Wie läßt sich sicherstellen, daß sich im politischen Alltag nicht die volonté de tous, sondern die volonté générale durchsetzt? Oder, noch präziser: Wie wird aus der volonté de tous, die naturgemäß immer vorhanden ist, die volonté générale?

Rousseau bleibt die Antwort auf diese Fragen schuldig. Dafür kann es verschiedene Erklärungen geben. Die simpelste läuft darauf hinaus, daß er in Wirklichkeit nur eine *Utopie* schreiben wollte, also die Darstellung eines real nicht vorkommenden, »idealen« Staates, wie sie seit Platon im Altertum und Mittelalter viele Autoren verfaßt haben. Dann brauchten wir uns mit Rousseau und seinen Vorstellungen nicht weiter zu beschäftigen, und in der

Tat gibt es in seinem Buch Äußerungen, die diese Interpretation zulassen. Näher liegt freilich eine andere Vermutung. Rousseau war ein Kind seiner Zeit, des 18. Jahrhunderts, das voll vom Glauben an eine angeborene *Vernünftigkeit*, ja sogar *Vernunftsteuerung* des Menschen war, und geht man von der naturgegebenen Vernünftigkeit aller Menschen aus, so verflüchtigt sich die Kluft zwischen volonté de tous und volonté générale ganz automatisch – der Mensch *kann* dann gar nicht mehr anders als »weise« und »richtig« entscheiden.

Hier sind wir wieder an einem springenden Punkt. Es geht um das *Menschenbild*, auf dem letztlich alle Theorien über Staat und Gesellschaft aufbauen. Dieses Thema gestaltet sich aber verschieden, je nachdem ob man den Menschen für ein zutiefst gutwilliges, absolut vernünftiges Wesen hält – oder für ein Wesen, das auch mit Egoismus, Bosheit und Dummheit, ja mit der Fähigkeit zum jederzeitigen Irrtum geschlagen ist. Das 21. Jahrhundert wird mit der Idee eines absolut vernunftgesteuerten Menschen wenig anfangen können. Zwischen der Zeit Rousseaus und der Gegenwart liegen zweieinhalb Jahrhunderte, die von Ausbeutung, Unterjochung, Krieg, Gewalt und Massenmord beherrscht waren, von anderen Fehlentwicklungen ganz abgesehen. Selbstverständlich hat es in diesem Zeitraum auch atemberaubende Zuwächse an Wohlstand, Wissen und Bildung gegeben. Aber das eine gleicht das andere nicht aus. Die Menschheit ist von einem Zustand der Vernunft und der Weisheit immer noch um Lichtjahre entfernt.

Die Nachwirkungen des »Contrat social«

Ein wirklich durchschlagender Erfolg war den Lehren des Jean Jacques Rousseau nicht beschieden. Dazu war einerseits der »Contrat social« zu aphoristisch, ja sprunghaft geschrieben, andererseits war er, was die Ausblendung der Monarchie aus der Realität Europas betraf, seiner Zeit zu weit voraus. Dennoch läßt sich das Denken Rousseaus in der weiteren Geschichte in einigen Strängen deutlich verfolgen, und zwar gerade in solchen, die für unser Thema von Bedeutung sind.

Für seine Ideen hatte es zunächst verheerende Folgen, daß sich zwischen ihnen und der Schrekkensherrschaft der Jakobiner in den Jahren 1792 bis 1795 enge Verbindungen herstellen ließen. In der Tat: Wenn die volonté de tous in der Tagespolitik nicht zur volonté générale verwandelt werden konnte, weil ihre Vertreter nicht bereit waren, von ihnen individuellen Interessen abzulassen und sich für das einzusetzen, was andere oder zumindest deren Führer als das »richtige« Gemeinwohl betrachteten, dann lag auch der Gedanke nicht mehr fern, solche dissentierenden Teile der Gesellschaft mit Gewalt zu ihrem Glück zu zwingen und, wenn auch das nichts nützte, einfach zu »liquidieren«. Die Gewaltherrschaft eines Robespierre und seiner Guillotine, von Rousseau selbst gewiß nicht gewollt, lagen nach seinen Lehren durchaus in der Luft. Es war also verständlich, daß Rousseau damit für lange Zeit disqualifiziert war.

Eine andere Variante seiner Lehren hatte dagegen Bestand und beherrscht, gerade in Deutschland, immer noch die offizielle Dogmatik. Unabhängig davon, ob ein Staat am Ende von der volonté de tous oder von einer volonté générale gelenkt wird, bleibt ja die Frage bestehen, wie beide in einem Gemeinwesen zustande kommen können, in dem es permanent verschiedene Meinungen und vor allem auch verschiedene Interessen gibt. Rousseau ging davon aus, daß zwischen den Mitgliedern der Gesellschaft eine Art dauernder Diskussion stattfindet, in der jeder mit seinen Meinungen auf alle anderen Einfluß nimmt, in der sich aber auch jeder um möglichst überzeugende

Ansichten bemüht, um so bei seinen Mitbürgern Ansehen zu erwerben. Das Endergebnis wäre dann eben die volonté générale, die man heute wohl eher als *öffentliche Meinung* bezeichnet. Interessanterweise hat diese Vorstellung schon früh in die Rechtsprechung des Bundesverfassungsgerichts zu Meinungsfreiheit, Medienfreiheit und Staatswillensbildung Eingang gefunden und sich dort zu einer der ideellen Grundlagen unserer Demokratie entwickelt. Das ist die andere, liberale Seite des Jean Jacques Rousseau.

Besonders wichtig ist es für unsere Überlegungen zur Marktwirtschaft, daß die Vorstellungen, die Rousseau zur Entstehung des Gemeinwillens entwickelt hat, später mutatis mutandis auch im Werk von *Adam Smith* wieder auftreten. Man braucht nur die Diskussionen, aus denen bei Rousseau die öffentliche Meinung entsteht, durch die Verhandlungen auf den Märkten, das Ansehen, das sich überzeugende Diskussionsbeiträge erwerben, durch den individuellen Gewinn und den Gemeinwillen durch die vom Preis geschaffene Marktordnung zu ersetzen, um das zu erkennen.

An einer besonders markanten Stelle wurde Smith freilich deutlicher, als es Rousseau jemals gewesen war: bei der Frage, wie es im zunächst völlig ungeordneten Gewirr der Marktteilnehmer, ihrer gegensätzlichen Interessen und der ungezählten Angebote bzw. Nachfragen letztlich doch zu vertretbaren Ergebnissen, nämlich zu Vertragsabschlüssen und Preisen kommen kann. Wie Rousseau rechnet er hier – genau genommen – nur mit dem, was wir heute das *Gesetz der großen Zahl* nennen. Aber er hat einen Ausdruck dafür, der das Dilemma, in dem er sich befindet, nicht deutlicher markieren könnte. Er spricht nämlich von einer *unsichtbaren Hand* (»invisible hand«), die das Marktgeschehen letztlich ordne!

Da erhebt sich natürlich sofort die Frage, um welche Hand es sich dabei handelt, und vor allem, wer sie führt. Und wir stehen genau dort, wo wir schon beim Übergang von der volonté de tous zur volonté générale standen: Wenn man nicht an einen alles lenkenden Gott glauben will, muß man an eine umfassende Vernunftsteuerung des menschlichen Handelns glauben. Wieder taucht also der Vernunftmythos des 18. Jahrhunderts auf, und wieder müssen wir uns dazu bekennen, daß unsere Zeit aufgrund bitterer Erfahrungen einem solchen Mythos nicht das Wort reden kann.

Wenn wir aber nicht an die prinzipielle Vernunftsteuerung des Menschen und seiner Institutionen glauben können, dann können wir auch nicht an eine vorgegebene Weisheit des Marktes glauben. Wir haben uns der Tatsache zu stellen, daß auch der Markt Fehler, selbst schwere Fehler begehen kann, und genau deshalb müssen wir darüber nachdenken, wie sich *Vorkehrungen* gegen solche Fehler, zumindest aber Maßnahmen gegen ihre *Folgen* treffen lassen. Damit kommt – faute de mieux – der *Staat* durch eine Hintertür wieder ins Spiel – derselbe Staat, den das vernunfttrunkene Bürgertum des 18. Jahrhunderts hatte ausschalten wollen. Aber wer sonst könnte die rousseausche Gesellschaft und wer den smithschen Markt mit Aussicht auf Erfolg kontrollieren oder auch nur korrigieren?

Metamorphosen des Staates

Die soeben geschilderte Entwicklung erscheint widersinnig. In der Französischen Revolution war das Bürgertum dazu angetreten, sich vom Staat entweder ganz zu emanzipieren oder ihn wenigstens zum Teil in Besitz zu nehmen. Aber die Revolution lief aus dem Ruder, es setzte sich die Überzeugung durch, daß sowohl die Revolution als auch das Bürgertum selbst, das sie ausgelöst hatte, eines starken Korrektivs bedürften – und dieses fand sich ausgerechnet wieder im Staat, im Kaisertum *Napoleons I.* Man mag dabei über die Außenpolitik des Korsen denken, wie man will, im Innern Frankreichs war er zugleich Beender und Vollstrecker der Revolution, und er hat sich auch selbst so gesehen. Als er abtrat, war Frankreich zwar ausgeblutet, aber es war ein moderner, zu einem erheblichen Teil sogar liberaler Staat geworden. Nicht einmal die Rückkehr der Bourbonen konnte daran auf die Dauer sehr viel ändern.

Aber die ursprüngliche Konstellation bestand noch fort: Hier ein Bürgertum, das sich selbst als leistungsstark und fortschrittlich begriff, dort eine Monarchie mit ihren Appendices Beamtentum und Militär, die als rückschrittlich galten, von der bourbonischen wie der metternichschen Restauration darin auch noch bestätigt wurden, sich dabei aber auch wirtschaftlicher Tätigkeiten bewußt enthielten. Aber im Laufe der Zeit änderten sich die Dinge auch in dieser Beziehung. Aus England gekommen und in Belgien zuerst aufgegriffen, drangen Technisierung und Industrialisierung auf den europäischen Kontinent vor, fortschrittliche Fürsten und ihre Regierungen begannen sich für sie zu interessieren, ausgerechnet Preußen entwickelte sich zu einem der fortschrittlichsten Wirtschaftsstaaten auf dem Kontinent, und in der Idee des »sozialen Königtums« stellten sich sogar Versuche ein, Monarchie und Bürgertum miteinander zu versöhnen.

Je mehr die Monarchie sich aber veränderte, desto weniger war die Vorstellung zu halten, daß eigentlich nur das Bürgertum nach dem Prinzip Vernunft agiere. Man hatte mittlerweile auch seine Schattenseiten erkannt, man hatte den allmählichen Wandel der monarchischen Staatsführungen beobachtet und man kam, obwohl es um die *politische* Mitbestimmung des Bürgertums nach wie vor schlecht bestellt war, allmählich zu der Einsicht, daß nicht mehr bürgerliche Vernunft und monarchische Unvernunft einander gegenüberstanden, sondern vielmehr *zwei verschiedene Arten von Vernunft*. In Deutschland setzte *Hegel* dieser Entwicklung noch einen Schlußstein ein, indem er, nicht zuletzt unter dem Eindruck des preußischen Fortschritts, den Staat kurzerhand zur *Emanation des Weltgeistes* erklärte, und *Heinrich Treitschke* wurde für Generationen zum Propagandisten dieser Ansicht.

Das hatte seine Konsequenzen für die Formeln, die allmählich die Diskussionen über die richtige

Gestaltung des Gemeinwesens beherrschten. Es entstand das System des *Konstitutionalismus,* in dem sich Monarch und Bürgertum – jenseits aller immer noch heftig umstrittenen ideologischen Unterschiede – in die Gestaltung des Gemeinwesens *teilten.* Der Hauptgrund dafür war natürlich ein politischer. Das Bürgertum war nun einmal im Vordringen, weil es die Kräfte und Erfolge von Technisierung und Industrialisierung für sich ins Feld führen konnte, die Monarchie – und das war nach damaliger Terminologie »der Staat« – war nach den napoleonischen Kriegen aber in der Welt geblieben und hatte nach wie vor die Gewalt in der Hand. *Dahinter* stand jedoch eine tiefgreifende ideologische Veränderung: die Erkenntnis, daß keine der beiden Seiten die menschliche Vernunft für sich allein gepachtet hatte. Man begann miteinander auszukommen.

Die diffizilen Machtverschiebungen, die es im Laufe des 19. Jahrhunderts zwischen den Monarchen und dem Bürgertum gab, sollen hier so wenig dargestellt werden wie die Tempounterschiede, die dabei zwischen den europäischen Staaten festzustellen sind. Wichtig ist im Augenblick nur, daß die neu entstehenden *Parlamente* nicht wirklich *Volks*vertretungen waren, sondern Vertretungen des *Bürgertums,* die durch raffinierte Tricks der Wahlgesetze und der Wahlkreiseinteilung abgesichert waren, und daß, wenn man im 19. Jahrhundert von »Staat« sprach, in aller Regel nur der Monarch und seine Gefolgsleute in Heer und Beamtenschaft gemeint waren. Die Fronten waren also klar, und wenn in den Büchern vom Kampf zwischen Krone und Parlament die Rede ist, ist in Wirklichkeit ein Kampf zwischen König und Bürgertum gemeint.

Nachdem sich der Unterschied zwischen Staat und Gesellschaft institutionell so verfestigt hatte, wäre eigentlich auch eine exakte *Zuständigkeitsverteilung* zwischen beiden möglich geworden. Tatsächlich konnte man damals wie heute lesen, daß der Staat eben für die Sicherheit und den »Ordnungsrahmen« der Gesellschaft zuständig sei, während der Gesellschaft im wesentlichen Wirtschaft und Kultur überlassen blieben. Das kam nicht von ungefähr; denn natürlich sind Wirtschaft und Kultur die Bereiche, in denen Freiheit am nötigsten ist, und diese gehört nun einmal seit je zu den Charaktermerkmalen der Gesellschaft. Bei genauerem Hinsehen war freilich auch diese Kompetenzzuweisung nicht präzise; denn die Monarchen und der ihnen unterstehende Staatsapparat hatten sich stets auch wirtschaftlich (Stichwort: Manufakturen und Domänen) sowie kulturell (Stichwort: Museen und Mäzenatentum) betätigt. Zu einer wirklich überzeugenden Funktionenteilung war auf diesem Wege also auch jetzt nicht zu kommen.

Erbhöfe oder gegenseitige Ergänzung?

Bei den dargestellten Ergebnissen muß man sich allen Ernstes fragen, ob die Suche nach einer exakten Funktionenteilung zwischen Staat und Wirtschaft wirklich Sinn hat.

In diesem Zusammenhang hat vor allem unsere skeptische Auffassung von der immanenten Weisheit der beiden Systeme ihre Folgen. Solange man von dieser immanenten Weisheit ausgehen konnte, konnte es eigentlich nur eine Frage der Zweckmäßigkeit oder des historischen Zufalls sein, ob man ein bestimmtes Aufgabengebiet dem Staat oder der Gesellschaft zuordnete; denn genaugenommen mußten auf beiden Seiten gleiche, zumindest gleich vernünftige Lösungen herauskommen. In dem Augenblick, in dem man diese prinzipielle Vernunft verneint, ändern sich die Dinge aber grundlegend. Nun kann es auf beiden Seiten auch zu *Fehlent-*

scheidungen und *Fehlentwicklungen* kommen, und daraus entspringt dann die weitere Frage, welche Vorkehrungen gegen solche Entwicklungen oder zumindest zu ihrer nachträglichen Korrektur zu treffen sind.

Eine erste, wenigstens partielle Antwort bot die Lehre von der *Gewaltenteilung*, und zwar insofern, als sie von Anbeginn an die staatlichen Rechte nicht einfach auf verschiedene Staatsorgane übertrug, was nur den Wirkungsgrad von Fehlern, nicht aber diese selbst verringert hätte (»Gewaltentrennung«), sondern sie stets mehreren Staatsorganen *zur gemeinsamen Wahrnehmung* und damit *zur gegenseitigen Kontrolle* übertrug (»Gewaltenverschränkung«). Es ist durchaus bedenkenswert, ob die Dinge zwischen Staat und Wirtschaft nicht ähnlich gehandhabt werden sollten, ja ob nicht schon die zahllosen Grenzüberschreitungen, die wir in den vorstehenden Kapiteln beobachtet haben, auch auf solche Überlegungen zurückzuführen sind. Es gibt in unserem Staatsleben ja auch sonst genug Beispiele, die in diese Richtung zeigen: Im Verhältnis zwischen Bund und Ländern, aber auch im Verhältnis zwischen Staat und Kommunen gibt es Selbsteintrittsrechte der übergeordneten Instanz, und wenn sich der Gesetzgeber außerstande sieht, ein veraltetes Gesetz zu reformieren, erledigen das in der Regel die Gerichte durch eine »neue Rechtsprechung«.

Selbst im direkten Verhältnis zwischen Staat und Wirtschaft gibt es Bereiche, von denen ein Eintrittsrecht des Staates beim Versagen der Wirtschaft ganz unbezweifelbar ist: etwa bei der Lebensmittelversorgung. In normalen Zeiten ist über jeden Zweifel erhaben, daß die Versorgung der deutschen Bevölkerung mit Lebensmitteln durch private Unternehmen erfolgt. Stellt man sich einen Katastrophenfall vor, in dem diese übliche Versorgung zusammenbricht, so hätte aber wohl niemand Bedenken, den Staat als Ersatzversorger einzusetzen; selbst die Bundeswehr, die doch staatsintern gar nicht eingesetzt werden *darf,* würde dann herbeigerufen – und niemand hätte etwas dagegen. Konkurrierende, aber abgestufte Verantwortlichkeit beider Seiten – ein überzeugenderes Beispiel für die hier geäußerte Vermutung läßt sich kaum denken.

Übrigens ist die jüngste Finanzkrise ein weiteres Beispiel für die Tragfähigkeit dieser Idee. Was sie uns im Verhältnis zwischen Staat und Banken bisher vor allem beschert hat, ist eine dicke Wolke gegenseitiger Schuldzuweisungen und Ausreden.

Auf der staatlichen Seite wächst die Empörung über Blauäugigkeit und Geldgier in den Banken fast von Tag zu Tag, die Banken ihrerseits weisen darauf hin, wie wenig sie von den zuständigen Aufsichtsbehörden wirklich kontrolliert worden seien. Beide Seiten dürften recht haben, die eine mehr die andere weniger. Wenn aber schon beide versagt haben, liegt die Vermutung nicht allzu fern, daß sie beide mit der Bereitschaft zu Kritik und Kontrolle und zu deren Hinnahme insgesamt besser gefahren wären. Bestimmte Grenzen der gegenseitigen Mitsprache hätte es auch in einem solchen modifizierten System geben können. Nur die Achtung der gegenseitigen Autonomien und die Vornehmheit der gegenseitigen Rücksichtnahmen hätte man nicht so weit treiben sollen, wie es offenbar geschehen ist.

Die neue Sicht: Soziale Marktwirtschaft

Wir haben es schon wiederholt dargelegt: Das 19. Jahrhundert war das erfolgreichste Jahrhundert Europas wie auch der USA, was Fortschritt und Entwicklung betraf. Das System der Marktwirtschaft, das sich in dieser Zeit voll durchsetzte, bestand damit seine Bewährungsprobe, und wo es in den beiden Weltkriegen und in der Zwischenkriegszeit Rückfälle in Formen der Zentralverwaltungswirtschaft gab, traten die Unterschiede der Systeme klar hervor. Am Ende des Zweiten Weltkriegs lag die Wiederaufnahme marktwirtschaftlicher Methoden folglich mehr als nahe.

Die Sache hatte allerdings einige Haken, auf die wir nun zu sprechen kommen müssen. Auf die erste große Fehlleistung der Marktwirtschaft, die Entstehung der sozialen Frage, brauchen wir nur kurz zurückzublenden; dazu ist das Nötige schon gesagt worden. Aber bei diesem Problem ist es nicht geblieben. Auch abgesehen vom Elend der Industriearbeiter hatte sich während des 19. Jahrhunderts ja eine wesentliche soziale Umschichtung vollzogen. Agrarischer Besitz, auch bei großen Hektarzahlen, hatte seine gesellschaftliche Bedeutung an »neureiche« Konzernherren verloren, selbständige Kleinstunternehmer (Musterbeispiel: die sächsischen Weber) hatten ihre Unabhängigkeit an Arbeitgeber abtreten müssen, und als die unteren bürgerlichen Schichten in den Jahren nach 1918 mit ihren Wertpapierdepots und Bankkonten soziale Sicherheit und sozialen Standard einbüßten, war zumindest die deutsche Gesellschaft auf den Kopf gestellt. Zahllosen ehemals wohlhabenden, nun aber verarmten bürgerlichen Familien und Millionen von ohnehin vermögenslosen Arbeitern stand eine dünne Schicht von »Kapitalisten« gegenüber, die Vermögensverteilung war so unausgewogen, wie sie schon lange nicht mehr gewesen war, und es war daher kein Wunder, daß die Männer, die noch während des Zweiten Weltkriegs Planungen für die Wirtschafts- und Gesellschaftsordnung der Nachkriegszeit diskutierten, gerade auch in dieser Hinsicht auf Abhilfe sannen.

Die Überlegungen und Pläne gingen zunächst, wie man heute weiß, in die unterschiedlichsten Richtungen. Durchgesetzt hat sich letztlich der sogenannte *Ordoliberalismus,* dessen wissenschaftliche Basis die Freiburger Schule war, während wichtigster politischer Kopf wohl der spätere Staatssekretär im Bundeswirtschaftsministerium, *Alfred Müller-Armack*, und wichtigstes politisches »Vollstreckungsorgan« *Ludwig Erhard,* der erste Wirtschaftsminister der neu entstehenden Bundesrepublik Deutschland, war. Ihre Grundidee war anspruchsvoll: Sie wollten die unmißverständliche Rückkehr zum marktwirtschaftlichen System, weil sie davon überzeugt waren, daß es nach den Kategorien der Leistungsfähigkeit allen anderen Wirtschaftssystemen überlegen war. Aber sie wollten die Wirtschaft auch von vornherein so gestalten, daß sich die Mängel, die der »reinen« Marktwirtschaft erkennbar anhafteten, möglichst nicht wiederholten. Das sollte im System von vornherein angelegt, es sollte ihm gewissermaßen *immanent* sein. Der Name für die neue Wirtschaftsordnung war demgemäß »Soziale Marktwirtschaft«, das politische Schlagwort »Wohlstand für alle«.

Soziale Marktwirtschaft und Sozialstaat

Gefordert war allerdings von Anfang an nicht nur die Wirtschaft, sondern auch der Staat, der deshalb in Art. 20 Abs. 1 GG ausdrücklich als *Sozialstaat* bezeichnet wurde. Seine Aufgabenbereiche sind primär die *Sozialhilfe*, die Menschen, die sich nicht anderweitig ernähren können, ein nicht ganz knappes Existenzminimum gewährleisten soll, und, wesentlich grundsätzlicher, die fünf Zweige der *Sozialversicherung*, die als Pflichtversicherungen dafür sorgen, daß die wesentlichen Lebensrisiken (Krankheit, Unfall, Alter, Arbeitslosigkeit und Pflegebedürftigkeit) zumindest im Regelfall nicht zur Verarmung der Betroffenen und ihrer Familien führen. Außerdem ist der Sozialstaat zu einer ausreichenden *Arbeitsschutzgesetzgebung*, zu Pfändungsschutz und ähnlichen Schutzmaßnahmen für die Schwächsten verpflichtet. Damit mag es hier sein Bewenden haben.

Das Attribut »sozial« im Begriff »Soziale *Markt*wirtschaft« hat zwar ebenfalls die finanzielle Absicherung der breiten Massen im Auge, verlangt aber keine staatlichen Leistungen, sondern *Leistungen der Wirtschaft*. Grundlage ist die banale Erkenntnis, daß diejenige Wirtschaftsordnung am sozialsten ist, die möglichst vielen Menschen ein für sie und ihre Angehörigen auskömmliches *Arbeitseinkommen* sichert. Hierher gehören folgerichtig die Bereiche »Arbeitsmarkt« und »Lohnpolitik«, in die sich der Staat nur ausnahmsweise einmischen muß, für die im übrigen aber die

Unternehmer und, zumindest in der Lohnpolitik, die Gewerkschaften zuständig sind. (Ganz nebenbei soll daran erinnert werden, daß auch die staatlichen Teile der Sozialpolitik, die wir soeben erwähnt haben, ohne eine arbeitende und erfolgreiche Wirtschaft nicht finanzierbar wären.)

Um Art und Umfang der staatlichen Leistungen gibt es immer wieder Auseinandersetzungen und Kämpfe, besonders wenn ganz neue Leistungs*arten* (wie vor einem Jahrzehnt die Pflegeversicherung) im Feuer stehen; die Unsicherheit über die Staatsaufgaben besteht also auch hier. Meist geht es jedoch nur um die *Höhe der Ausgaben,* die für staatliche Leistungen aufgebracht werden sollen, und damit nähern wir uns einer weiteren wichtigen Erkenntnis. Wenn schon die *Aufgabenfelder* von Staat und Wirtschaft heute nicht mehr exakt auseinandergehalten werden können, dann bietet doch wenigstens die sogenannte *Staatsquote* dafür einen *gewissen* Ersatz. Unter der Staatsquote versteht man den Teil des jährlichen Sozialprodukts, der vom Staat entweder für die eigenen Kassen abgeschöpft oder über den auf andere Weise vom Staat disponiert wird. Sie entscheidet, wieviel Kapital der Wirtschaft für weitere Entwicklungen, vor allem Investitionen, verbleibt und damit zugleich auch, wieviel Spielraum der einzelne *Unternehmer* bei der Gestaltung seiner eigenen Zukunft und der seines Unternehmens, aber auch bei der Mitgestaltung der ökonomischen Gesamtentwicklung hat. Und sie entscheidet zudem über die persönliche Freiheit, die den *Bürgern* zur Verfügung steht; denn für den einfachen Mann und sein Gefühl berechnet sich diese Freiheit aus dem schmalen Rest, der ihm nach Abzug seiner monatlichen Fixkosten vom Nettoeinkommen bleibt.

Die Staatsquote mag für den Zweck, den wir hier mit ihr verfolgen, vielleicht etwa diffiziler zu berechnen sein, als es die Finanzwissenschaft bisher tut; darüber müßte näher gesprochen werden. Da es aber eine präzise Funktionsabgrenzung zwischen Staat und Wirtschaft nicht gibt und in absehbarer Zukunft auch nicht geben wird, kommt ihr *zentrale verfassungspolitische Bedeutung* zu. In der öffentlichen Debatte hat sie in letzter Zeit unverständlicherweise kaum eine Rolle gespielt – man mag sogar sagen, daß sie dieses Schicksal mit vielen anderen fundamentalen Fragen unseres Gemeinwesens geteilt hat. Man wird sich um diese Debatte aber nicht auf Zeit und Ewigkeit drücken können, zumal die demographischen Entwicklungen mit ihren sich türmenden Kosten für Renten-

und Krankenversorgung auf die Dauer einer oder zweier Generationen sogar spürbare Abweichungen von der bisher meist geforderten, aber selten eingehaltenen Zahl von 40 Prozent erzwingen dürften. Aber auch das sollte klar sein: Die 40 Prozent Staatsquote, von denen häufig gesprochen wird, sind nur eine »gegriffene« Zahl. Die wirkliche Zahl hängt von der politischen Entscheidung aller Beteiligten ab!

Und getroffen werden *muß* diese Entscheidung; denn an ihr hängen unendlich viele kleinere Entscheidungen, die man in Zeiten des permanenten Aufstiegs getrost »der Entwicklung« überlassen konnte, die in knapperen Zeiten jedoch in größere Zusammenhänge eingebettet werden müssen. Man mag dem entgegenhalten, daß solche langfristigen und fundamentalen Richtlinienentscheidungen unter den Bedingungen des heutigen Parteiensystems nur noch schwer zu erreichen seien. Die überraschende Einigung über eine »Schuldenbremse«, die im Frühjahr 2009 zustande kam, beweist aber, daß so etwas auch heute noch möglich ist. Bei der Einigung über die erwünschte Staatsquote geht es zudem weder um eine verfassungsrechtliche noch um eine gesetzliche Festschreibung, sondern lediglich um eine *allgemeine*

Absprache zwischen den beteiligten politischen Kräften, die auch nicht immer punktgenau, sondern nur »grosso modo« eingehalten werden müßte – bei den verschiedenen Rentenformeln der vergangenen Jahrzehnte war das ja schließlich nicht anders.

Übrigens wäre mit einem solchen Zahlenwerk auch eine Meßzahl für die sozialen Leistungen einer Gesellschaft zu erreichen. Man müßte nur die Summe aller gezahlten Löhne und Gehälter zur Summe aller Sozialausgaben addieren und beides zum Sozialprodukt pro Kopf der Bevölkerung in Beziehung setzen. Natürlich hätte die so ermittelte Zahl nur einen Annäherungswert. Aber aufschlußreich für den Umgang eines Gemeinwesens mit seinem Sozialprodukt wäre sie doch.

Die andere Seite der Sozialen Marktwirtschaft

Internationale Konkurrenz

Der Streit um die Staatsquote beschränkt sich freilich auf das Innenleben Deutschlands oder, wenn man so will, der Europäischen Union. Er ist also ein ganz gewöhnlicher *Verteilungskampf*, wie es ihn in jeder Gesellschaft zwischen ihren verschiedenen Klassen und Gruppen gibt, nur auf hoher, sehr grundsätzlicher Ebene. Beschränkt man sich, wie heute üblich, auf diese Sicht, so liegt deshalb die Gefahr einer *Engführung des Denkens* nahe, wie man sie sich in der Politik am wenigsten leisten sollte. Aber dazu müssen wir etwas weiter ausholen.

Man kann sich das alljährliche Bruttosozialprodukt als eine – kreisförmige – Torte vorstellen. Dann erkennt man, daß sich innerstaatliche Verteilungskämpfe lediglich um die Frage drehen, wie viele *Bogengrade* (oder auch nur Bogenminuten) die Tortenstücke aufweisen, die auf die verschiedenen gesellschaftlichen Gruppen entfallen. Wieviel diese *realiter* erhalten, hängt aber von einer *ganz anderen Größe* ab, nämlich vom *Durchmesser* (oder dem Radius) der Torte. Wenn sich dieser erkennbar vergrößert, lassen sich sogar Verzichte bei den Bogengraden verschmerzen.

Der normale innerstaatliche Verteilungskampf ist also für sich gesehen verständlich, aber er ist ziemlich kleinkariert, wenn darüber die größere Frage vergessen wird: die Erhaltung oder, wenn möglich, *Vergrößerung des Sozialprodukts* durch Erfolge auf den Weltmärkten. Hier zeigt sich übrigens auch, daß der Übergang von der »reinen« zur

»Sozialen« Marktwirtschaft wesentlich mehr war als nur die Korrektur einzelner Fehlentwicklungen. Der Sozialen Marktwirtschaft geht es nicht wie der »reinen« Marktwirtschaft nur um die Unternehmen und ihre Eigentümer, sondern um die *Gesellschaft als Ganzes,* um *alle Bürger* des betreffenden Landes. »Wohlstand für alle« war nicht nur so hingesagt. Es war der Kern eines weit über die Wirtschaft hinausreichenden Programms!

Das hat Folgen für unsere Sicht des *internationalen Wettbewerbs,* der sich unter dem Stichwort »Globalisierung« auf den »Weltmärkten« etabliert hat und immer noch weiter etabliert. Es gilt die Widersprüchlichkeit zweier großer Bewegungen zu verstehen, die gegenwärtig in der Welt zu erkennen sind: Wirtschaftlich wächst die Welt immer mehr zusammen, auf vielen anderen Gebieten von Politik und Kultur gibt es jedoch eine *Gegenbewegung,* die man als »Regionalisierung« bezeichnen könnte und die auf nationale, rassische und kulturelle Selbstbestimmung und die daraus entspringenden Egoismen hinausläuft.

Wenn die Wirtschaft in einer sich so ordnenden Welt nicht nur für die Unternehmen und Unternehmer, sondern zugleich für den Wohlstand aller verantwortlich ist, dann spielt sich der internationale Wettbewerb auch nicht nur zwischen Unternehmen ab, sondern zugleich zwischen *Nationen* oder, genauer gesagt, zwischen den Menschengruppen, die in (oder von) den einzelnen Volkswirtschaften und den von diesen finanzierten *Sozialsystemen* leben. Jedes einzelne Volk, aber auch jede einzelne Nationalökonomie wird infolgedessen alles daran setzen, sich aus dem Sozialprodukt der ganzen Welt ein möglichst großes Stück zu sichern. Ich habe das in einem Vortrag einmal so ausgedrückt:

»Man mag noch so nachdrücklich auf die Notwendigkeit der Unterstützung für arme, entwicklungsbedürftige Völker hinweisen, man mag sogar von der Notwendigkeit einer *sozialen Weltwirtschaft* sprechen – es läßt sich nicht leugnen, daß auch die einzelnen Völker um ihren eigenen, möglichst großen Wohlstand kämpfen und daß die Mittel, die in diesem Kampf eingesetzt werden, nicht immer *nur* marktwirtschaftlicher Natur sind. Das lehrt uns jeder Kampf gegen die Abwanderung von Arbeitsplätzen in andere Länder und genausogut der Kampf um die nationale Dominanz in internationalen Konzernen, den uns beispielsweise die Franzosen so schön vormachen.«

Daß das Zitat hier wörtlich wiedergegeben wird, hat einen besonderen Sinn: Es verwendet die Vokabeln »Kampf« und »kämpfen« zu oft. Das ist im allgemeinen Sprachgebrauch zwar üblich geworden – jeder »kämpft« für irgend etwas, meint damit meist aber nur ein sehr ungefährliches Reden und Schreiben. Trotzdem muß betont werden, daß es hier um jene Zwischenform zwischen Kämpfen und Argumentieren geht, die man »Wettbewerb« nennt und die aus naheliegenden Gründen vor allem in Wirtschaftsbeziehungen vorkommt – und daß in den folgenden Absätzen nicht an »steinzeitliche« Handlungsformen wie Kolonisierung oder Kanonenbootdiplomatie gedacht ist, wenn von der mitunter sehr heftigen Konkurrenz um die Verteilung des Weltsozialprodukts die Rede ist.

Die deutsche Wirtschaft, um die es hier vor allem gehen soll, lebt von ihrer starken Stellung auf den meisten Märkten und den daraus resultierenden Exportüberschüssen immer noch sehr gut, und Deutschland kann sich dementsprechend auch noch ein »soziales Netz« leisten, um das es von vielen anderen Völkern – und nicht nur von den Armen der Welt – mit Recht beneidet wird. Beiträge und staatliche Zuschüsse zur Sozialversicherung finanzieren eine vergleichsweise hohe Versorgung im Alter, bei Krankheit, Pflegebedürftigkeit und Arbeitslosigkeit, und über die Steuern wird ein nicht weniger hoher *öffentlicher* Lebensstandard finanziert, der natürlich auch wieder dem Bürger zugute kommt, und zwar kostenlos oder wenigstens nicht zu Marktpreisen: Bildungswesen, Kliniken, Straßen und sonstige Infrastruktur, Massenmedien, kulturelle Einrichtungen usw. Die »öffentliche Armut«, über die so oft geklagt wird, gibt es zwar auch, aber sie ist doch ein sehr irreführender Begriff.

All das gehört zu dem Wohlstand, von dem *Ludwig Erhard* einst gesprochen hat, und der – private wie öffentliche – Wohlstand der Deutschen ist trotz enger werdender Verhältnisse wie gesagt immer noch beträchtlich. Die deutsche Volkswirtschaft hat dadurch aber auch *Lasten* zu tragen, die viele ihrer Konkurrenten nicht oder doch nicht in diesem Umfang zu tragen haben, das heißt sie hat es schwer, mit deren Preisen zu konkurrieren. Genaugenommen schafft sie das oft gar nicht mehr, sondern sie ist darauf angewiesen, für höhere Preise auch höhere Qualität anzubieten – oder *andere* Produkte, die ihre Konkurrenten ebenfalls gebrauchen, aber noch nicht selbst herstellen können. Darauf beruhen letztlich die Exportüberschüsse, von denen soeben die Rede war.

Aber auch das ist keine Garantie für Zeit und Ewigkeit. In der Welt gibt es mehr und mehr aufstrebende Staaten, die man je nach Geschmack »Schwellenmächte« oder »junge Tiger« nennt, die den technischen Vorsprung der deutschen, ja aller westlichen Wirtschaften mit ungeheuerer Energie aufzuholen versuchen und dabei sehr erfolgreich sind. Der Westen steht also von zwei Seiten unter Druck: von innen und von außen.

Dem inneren Druck wird auf die Dauer durch klarere Entscheidungen über die Verteilung des Sozialprodukts zwischen dem öffentlichen und dem privaten Sektor, über den Anteil der Sozialpolitik am öffentlichen Sektor und über eine sparsame Haushaltspolitik entgegenzuwirken sein; davon soll in diesem Buch aber nicht gesprochen werden. Wichtiger ist das Verhalten Deutschlands gegenüber dem Druck, der von außen, eben von den Schwellenmächten ausgeht. Die übliche Antwort darauf besteht in der Forderung, sich auf solche Produktionen zu konzentrieren, mit denen die Herausforderer noch nicht mithalten können, und im übrigen immer wieder neue, »hochspezialisierte« Produkte zu kreieren, die auch für die

Herausforderer interessant sind, von ihnen aber noch auf längere Sicht nicht selbst erzeugt werden können. Das ist eine Methode, die in den vergangenen Jahrzehnten mit großem Erfolg praktiziert wurde und auf die man sich wohl auch in Zukunft noch verlassen kann.

Aber es gibt auch dabei Probleme. Mit einem davon schlägt sich, wenn nicht alles täuscht, gegenwärtig die europäische Automobilindustrie herum. Auf der einen Seite geht der Trend, schon aus Gründen des Klimaschutzes, zunehmend in Richtung kleinerer Fahrzeuge, die auf mittlere Sicht aber von einzelnen Schwellenmächten (China!) ebensogut, nur wesentlich billiger gebaut werden dürften. Auf der anderen Seite hat gerade Deutschland einen unbestreitbaren und so rasch auch nicht einholbaren Vorsprung in den sogenannten Premium-Klassen, einem Markt, der zwar in der absehbaren Zukunft noch wesentlich mehr Käufer finden dürfte als derzeit, der aber Umweltargumente gegen sich hat und auch nicht ohne weiteres von Standorten übernommen werden kann, die bisher »nur« kleine Fahrzeuge produziert haben. Es werden nicht nur Umstrukturierungen, sondern *Umdenkungsprozesse* gefordert sein.

Denn soviel ist klar: Wirtschaftszweige, die die neuen Konkurrenten ebensogut wie der Westen, aber billiger betreiben können, werden auf die Dauer nicht zu halten sein, und es wird eine der kniffligsten Fragen der Wirtschaftspolitik überhaupt sein, nicht über Erhaltungssubventionen für bedrohte Industrien zu diskutieren, wie das augenblicklich vielfach geschieht, sondern den Verzicht auf nicht mehr zu haltende Zweige rechtzeitig anzumahnen, Erhaltungssubventionen möglichst zu verweigern und statt dessen Hilfen für neue, zukunftsträchtige Wirtschaftszweige anzubieten. Das wird mit erheblichen Zumutungen für Unternehmer, Arbeitnehmer und Standorte verbunden sein; darüber sollte man sich nicht täuschen. Aber die Gesetze der Marktwirtschaft verlangen es, und die Forderung, die hier erhoben wird, erfolgt ja nicht, weil die Marktwirtschaft diese Gesetze *erfunden* hätte, sondern weil sie sich auf der primitiven Vernunft ergeben und nur unter der Überschrift »Marktwirtschaft« zusammengefaßt werden.

Notwendig ist also eine *Strategie der Übergänge* aus einem Industriezeitalter in das nächste, wenn nötig mit knapp befristeten Übergangshilfen für weichende Industrien, vor allem aber mit konzentrischer Unterstützung für neu entstehende, aussichtsreiche Industriezweige. Daß man dabei in bedenkliche Nähe zu einer *vom Staat gesteuerten Marktwirtschaft* (»Industriepolitik«) geraten kann, soll nicht verschwiegen werden. Aber es lohnt sich, darüber nachzudenken, ob es sich hier nicht um ein Problem handelt, das wirklich *alle* Kräfte, nicht nur die der Wirtschaft selbst, herausfordert. Wenn asiatische Mächte wie Japan, Korea und China sich, offenbar ganz bedenkenlos, auf diesen Weg begeben, liegt der Verdacht zumindest nahe, daß sich andere dem schwer entziehen können. Wir werden darauf noch einmal zurückkommen müssen.

Jedenfalls bedarf es für die Strategie der Übergänge, von der hier gesprochen wird, einer großen gemeinsamen Anstrengung aller geistigen und finanziellen Kräfte, und das gilt sowohl für die unvermeidlichen *Forschungsarbeiten,* die bereits heute allenthalben angemahnt und zum Teil ja auch schon geleistet werden, als auch für die viel seltener erwähnten *Entwicklungsarbeiten,* die sich viel näher an der Grenze zwischen staatlicher Wissenschaft und wirtschaftlicher Unternehmerinitiative bewegen als die Forschung selbst. Aus der Arbeit der vergangenen Jahrzehnte, vor allem aus der Arbeit der großen deutschen Forschungsorganisationen liegen genug Erfahrungen vor, die zur Entwicklung eigenständiger Strategien verdichtet werden könnten. Wie gesagt: Die anderen tun es ja auch.

Die wichtigste Erfahrung aber ist, daß es eine soziale Marktwirtschaft, die diesen Namen verdient, in Zukunft ohne *permanente Innovation* und erst recht ohne die permanente *Bereitschaft* dazu nicht geben wird. Innovation, ständiges Infragestellen der erreichten Standards und nicht minder ständige Suche nach neuen Chancen und Möglichkeiten sind das Gebot der Stunde. Die Welt, in der wir leben, ist in dauernder Bewegung. Sie steht nicht still und, vor allem, sie wartet weder auf Deutschland noch auf Europa.

Ohnehin bieten die Forderungen, die hier erhoben werden, keine *immerwährende* Wohlstandsgarantie. Die Länder, die gegenwärtig noch als Schwellenmächte bezeichnet werden, entwickeln sich auch immer weiter und höher, und hinter ihnen drängen andere nach, die deren heutige Position einnehmen wollen – es wird ein permanentes Hase-Igel-Rennen geben. Für den Westen gibt es dann zwei Möglichkeiten: Entweder schafft er es bis zu einem Zustand, in dem alle Staaten der Welt auf weltweiten Märkten alles nur Denkbare in gleicher Qualität und zu gleichen Preisen anzubieten vermögen, oder er muß schon vorher erkennen, daß weitere Verfeinerungen und Spezialisierungen seiner Produktionen nur noch geringe Überschüsse versprechen, jedenfalls Überschüsse, von denen sich irgendwelche Vorsprünge im allgemeinen Lebensstandard nicht mehr finanzieren lassen. Das wird zwar nicht mehr zu unseren Lebenszeiten geschehen, möglicherweise erst in drei oder vier Menschenaltern; denn es wird noch lange dauern, bis die gesamte Welt »saturiert« ist. Aber soviel steht schon heute fest: Wenn dieser Zustand eintritt (oder je eintreten sollte), dann stellen sich alle Fragen neu. Die bedenklichen und die hoffnungsträchtigen.

Wirtschaft unter dem Brennglas: Die Finanzkrise

Das Wort »Brennglas« in der Überschrift dieses Kapitels ist bewußt gewählt. Das Brennglas hat zwei Wirkungen, mit denen mittlerweile auch die Wirtschaft konfrontiert ist: Das Brennglas erzeugt eine Hitze, die alles verbrennt, was nicht sehr widerstandsfähig ist. Und es schärft, anders verwendet, den Blick auf die Gegenstände, die ihm ausgesetzt werden. In der weltweiten Finanzkrise kommen beide Wirkungen des Brennglases zur Geltung, und es wird sich wohl erst in Jahren herausstellen, welche von ihnen eher zerstörerisch und welche klärend gewirkt hat. Für uns, die wir mitten in der Krise stehen, wird das noch auf lange Sicht nicht erkennbar sein. Wir sind auf Momenteindrücke und Vermutungen angewiesen.

Objektive Ursache der Krise

Begonnen hat die Krise in den USA, im Zusammenhang mit der sogenannten *Immobilien-* oder *Hypothekenblase*. Jahrelang hatten die amerikanischen Banken mit Billigung ihrer Regierungen Hypotheken an Bauherren vergeben, die man in Deutschland als Häuslebauer bezeichnen würde, die im Unterschied zu diesen aber kaum Sicherheiten zu bieten hatten. Ihre Häuser gewannen durch die Inflationierung der Grundstückspreise so rasant an Wert, daß die ungedeckten Hypothekenschulden rasch eine scheinbare Deckung fanden, und die Zinslasten fielen infolge einer ohnehin betriebenen Niedrigzinspolitik fast nicht ins Gewicht. Der politische wie der soziale Effekt dieser Praxis waren eindeutig, niemand nahm mehr zur Kenntnis, daß es sich dabei um eine Kombination von Schneeballsystem und Spekulation handelte. Wie sich die Blase in den USA aufbaute und wie gefährlich ihr Platzen sein würde, konnte man übrigens alle paar Wochen in den Wirtschaftsteilen unserer deutschen Zeitungen lesen – und war gerade deshalb sicher, daß die deutschen Banker auf der Hut sein würden. Als die Blase wirklich platzte, stellte sich aber heraus, daß sie den Amerikanern – auch unter dem Einfluß der Rating-Agenturen – ihre schlechten Schuldpapiere zentnerweise abgekauft hatten, und wenn das nicht so traurig gewesen wäre, hätte man vermuten können, sie hätten ihre überseeischen Kollegen dafür entschädigen wollen, daß sich Deutschland nicht am Irakkrieg beteiligte.

Im übrigen blähte sich zu jener Zeit nicht nur die Hypothekenwirtschaft der USA auf, sondern auch die *Geldmenge* auf der ganzen Welt. Dafür gab es eine ganze Reihe ineinandergreifender Ursachen. Genannt seien hier nur die schon erwähnte Niedrigzinspolitik der USA, die über die ganze Welt irrlichternden Mengen an Öldollars, Spekulantengeldern und Hedgefonds-Milliarden und vor allem die permanente Beschleunigung des Geldumlaufs infolge des Abbaus nationaler Währungsschranken und des Ausbaus der modernen Informationstechniken.

Das führte zu gewaltigen *Nachfragesteigerungen* auf allen möglichen Märkten und zu den damit automatisch verbundenen *Preissteigerungen,* und da Geld am leichtesten an *Börsen* zu verdienen war, konzentrierte es sich auf diese und bescherte der Welt die phantastischen Börsengewinne der Jahre 2006 bis 2008, die in Wirklichkeit eine auf die Börsen beschränkte *Inflation* waren. Die Ergebnisse sind bekannt.

Diese partielle Wirkung der Geldvermehrung förderte allmählich auch eine alte Erkenntnis wieder zu Tage: daß die Banken genaugenommen gar nicht zur Wirtschaft gehören, sondern ein eigenes, mit der Wirtschaft nur lose verbundenes System sind. Die Banken seien, so sagte man früher, der Blutkreislauf, die produzierenden Unternehmen dagegen der Körper, und wenn solche »organologischen« Vergleiche heute auch aus guten Gründen verpönt sind, mag der hier verwendete doch ausnahmsweise einen guten Sinn haben. Die Sprachschöpfung des Jahres 2009, die zwischen dem Bankwesen und der *»Realwirtschaft«* unterscheidet, ist jedenfalls viel weniger anschaulich und fordert außerdem zu bösartigen Schlußfolgerungen heraus: Sind die Banken etwa nur eine »Irrealwirtschaft«? Oder eine »Phantasiewirtschaft«? Aber *irgendeinen* wesentlichen Unterschied zwischen Bankensystem und Wirtschaft *muß* es doch geben – wie soll man sonst einem Laien erklären, daß es Zeiten gibt, in denen die Börsenkurse eines Unternehmens steigen, je schlechter es ihm in der Realität geht?

Menschliches Versagen

Die Fehler, die in der jüngeren Vergangenheit gemacht worden sind, können nicht ausschließlich in die Kategorie »Systemfehler« eingeordnet werden.

Viele von ihnen beruhen, wie man bei Flugzeug- oder Eisenbahnkatastrophen zu sagen pflegt, auf *menschlichem* Versagen, und zwar auf dem Versagen von Menschen, die man bis vor kurzem als hoch erfahrene Fachkräfte eingeschätzt hat und die das selbst immer noch tun. Hier ist keine Abrechnung mit einzelnen Personen beabsichtigt und auch keine lückenlose Aufzählung feststellbarer Fehler. Aber einige wesentliche Punkte müssen doch einmal beim Namen genannt werden.

Da ist zunächst die *Risikoabschätzung* und *Risikovorsorge,* die man gerade in der Hypothekenfrage so sehr vermißt. Selbstverständlich muß eine Bank das Recht haben, schlechte Hypotheken mit einem gewissen Preisabschlag zu kaufen, in der Hoffnung, daß sie sie später zu besseren Bedingungen wieder verkaufen kann, und selbstverständlich steht es ihr dabei zu, gewisse Risiken einzugehen, die sich auch nicht immer in Wohlgefallen auflösen können. Aber eine *gewisse* Kalkulation dieser Risiken, ihrer Höhe, der Wahrscheinlichkeit ihres Eintritts und die Bildung ausreichender Rücklagen für diesen Fall *muß* es doch geben; das weiß im normalen Leben jede Hausfrau. Warum also die absurde Häufung schlechter Risiken, die in den letzten Monaten bei vielen Banken offenbar wurde? Wie können halbwegs vernünftige Menschen so handeln?

Andere Defizite mögen im *System* eingerissen sein, so daß sich der einzelne Bankchef ihnen ohne Gefahr eines Imageverlustes nicht entziehen konnte. Man denke an die tausendfachen Lügen, mit denen, wie man seit langer Zeit ahnt und seit kurzer Zeit weiß, Unternehmensbilanzen hochfrisiert wurden, etwa durch erhöhte Ansetzung von Sachwerten oder durch Nichtabschreibung längst als aussichtslos erkannter Forderungen. Mit den Vorschriften des Handels- und Steuerrechts mag das vereinbar gewesen sein. Aber gibt es nicht wenigstens *einen* Spitzenunternehmer, der bei der Veröffentlichung seiner Bilanzen in großen Zeitungsanzeigen insgeheim rot geworden ist? Und nicht *einen* Wirtschaftsprüfer, der bei der Erteilung seines Prüfervermerks rot wurde, weil er sich sagen mußte, daß dieser Vermerk zwar formell korrekt sei, von vielen ehrlichen Menschen aber ganz anders verstanden werden würde? Ist es eine Entschuldigung, daß auch die staatliche Bankenaufsicht nie gegen diese Defizite eingeschritten ist, und sei es durch Appelle an den Gesetzgeber, einige legislative Stellschrauben etwas strenger anzuziehen? Viele haben versagt, in der Wirtschaft, im

Bankwesen und beim Staat, und keiner soll sich auf das Versagen anderer hinausreden. Am wenigsten hat noch »das System« selbst versagt, das jetzt alle »kritisch hinterfragen«. Man hätte sich nur nach den Regeln zu richten brauchen, die ihm ethisch innewohnen!

Fragen wird man auch nach den *Motiven* dürfen, die Unternehmer und Manager veranlaßt haben, auf der Klaviatur des Erwerbstriebs allzu hohe Töne anzuschlagen; denn damit haben sie das notwendige Vertrauen in das marktwirtschaftliche System nicht nur, wie es oft heißt, erschüttert, sondern sie haben mit ihm Schindluder getrieben.

Kein vernünftiger Mensch wird Jahreseinkommen von einigen Millionen generell für unmoralisch erklären. Wenn das doch geschieht, ist – ganz einfach – Neid im Spiel, und der ist noch jämmerlicher als die Gewinnsucht. Aber irgendwann muß einmal von der Schere gesprochen werden, die sich, gerade in der Wirtschaft, mitunter zwischen dem öffnet, was ein Unternehmen *erwirtschaftet,* und dem, was seine Manager *selbst geleistet* haben. Man muß deren Bonus beileibe nicht *nur* nach der persönlichen Leistung berechnen, aber nach dem oft genug nur glücklichen »Erfolg« müßte es auch nicht immer sein. Vielleicht gibt es ja doch noch einen vernünftigen Zwischenweg, an den man sich, auch ohne eine gesetzliche Regelung, halten könnte.

In der öffentlichen Kritik, die jetzt allenthalben laut wird, ist in diesem Zusammenhang viel von *Gier* die Rede. Aber vielleicht geht es da gar nicht um Gier, sondern um etwas ganz anderes: nämlich darum, daß angestellte Manager oft aus recht bescheidenen Verhältnissen stammen, nun mit steinreichen Großunternehmern oder Großaktionären verkehren und im Luxus nicht immer hinter diesen zurückstehen wollen. Dann ginge es, wie gesagt, nicht um Gier, sondern um einen etwas naiven *Drang nach Sozialprestige* – in der Gegend um Heidelberg sagt man von solchen Leuten gern, sie wollten »mit den großen Hunden pinkeln gehen«. Man kann das verstehen. Aber achten?

Es hat in jüngster Zeit auch Fälle gegeben, in denen sich bedeutende Unternehmer einfach an der Börse oder im Zusammenhang mit Börsengeschäften »verzockt« und ihre Unternehmen damit in schwere Bedrängnisse gebracht haben. Meistens ging es dabei nicht einmal um persönliche Habgier, sondern eben um die Erweiterung eines Unternehmens oder gar um notwendige Investitionen, also um höchst ehrenhafte Motive. Trotzdem kann man auch aus diesen Beispielen lernen. Natürlich kann es keinem Börsenguru und keinem Lottogewinner versagt sein, sein Unternehmen, wenn er denn eines hat, mit dem Gewinn zu stärken oder zu erweitern. Trotzdem beschleicht mich bei diesen Fällen das gleiche ungute Gefühl, das ich vor vielen Jahren hatte, als mir der Chef einer Spielbank eines Nachmittags die vielen Hausfrauen zeigte, die mit ihren Einkaufsnetzen in der Spielbank erschienen, um sich ihr vermutlich klägliches Haushaltsgeld am Roulettetisch etwas aufzubessern. Meinetwegen kann jeder spielen, was und wie viel er will, und wenn er gewinnt, kann er seinen Gewinn, wie gesagt, auch investieren. Aber spielen, *um* zu investieren? Irgendwo bleibt da ein Fragezeichen.

Vielleicht kommen wir damit den Antriebskräften, die die Misere der Zeit verursacht haben, noch einen Schritt näher. Allerdings muß man sich dazu nicht so sehr die Unternehmer und Spitzenmanager ansehen, sondern die Ebenen *unter* ihnen, die Direktoren, die kleineren Angestellten, die unabhängig über Riesenbeträge entscheiden dürfen, die Kundenberater, die, noch dazu gegen Provision, auch kleinen Kunden unverstandene, ja unverständliche Papiere verkaufen. Natürlich geht es auch bei ihnen »ums Geld«, und sie werden es wahrscheinlich besser gebrauchen können als viele ihrer Vorgesetzten. Aber ist es wirklich nur *Gier,* die sie treibt? Meist ist es doch eher der Wunsch nach beruflichem Erfolg, nach Anerkennung und Aufstieg, und am liebsten wäre es den meisten von ihnen, wenn sie sich dafür nicht allzu sehr anstrengen und schon gar keine eigenen Risiken eingehen müßten.

Das ist der springende Punkt: Wir leben nicht in einer Gesellschaft, die keinen Sinn für Vorankommen und Erfolg mehr hätte. Aber wir leben in einer Gesellschaft, die den *leichten und möglichst sicheren Erfolg* favorisiert. Und die Gesellschaft, die »das System« an allen Sonn- und Feiertagen aus voller Kehle lobpreist, hat ihnen diesen leichten Erfolg vorgegaukelt, indem sie in der Tagesarbeit die Regeln des Systems nicht mehr ernst nahm!

Wohlgemerkt: Wir sprechen hier auch nicht über völlig untergeordnete Chargen unserer Wirtschaft. Wir sprechen von Angehörigen des mittleren Managements, die für die *Alltagspraxis* unserer Banken und Unternehmen zuständig sind, und von jungen *Nachwuchskräften,* die eines Tages – oder auch sehr rasch, wenn alte Versager ausgewechselt werden müssen – in dieser Wirtschaft Verantwortung übernehmen und sie in schwierigen Konkurrenzsituationen *führen* sollen! Wer spricht bei uns eigentlich noch über die menschlichen Eigenschaften, die Führungspersonen besitzen müssen – Kreativität, Entscheidungsstärke, Charakter, Verantwortungsbewußtsein, aber eben auch Augenmaß und Leistungsbereitschaft?

Unberechenbare Zukunft

Unsere Untersuchung nähert sich allmählich einem Punkt, an dem präzisere Antworten zur Rolle und Überlebensfähigkeit der Marktwirtschaft möglich werden müßten, als es die üblichen – positiven, aber auch negativen – Klischees leisten. Wir haben das Funktionieren der Märkte dargestellt, aber auch die zahlreichen Abweichungen von der strengen Doktrin, die es in den vergangenen 150 Jahren gegeben hat. Der Übergang zur Sozialen Marktwirtschaft ist ebenso erörtert worden wie die offenkundige Unmöglichkeit, den Staat auf ganz konkrete, klar umrissene Aufgaben zu beschränken und damit auch zuverlässige Grenzlinien zwischen Staat und Wirtschaft zu finden. Die Leistungsdefizite beider Seiten und ihr anthropologischer Hintergrund sind zumindest nicht verschwiegen worden. Dahinter stand aber stets die wachsende Unsicherheit darüber, ob die Gleichung Marktwirtschaft = Zuwachswirtschaft auch in Zukunft ihre Richtigkeit behält.

Die Gründe für diese Zweifel sind bisher freilich noch nicht in voller Breite dargestellt und erörtert worden. Gewiß, es war immer wieder einmal von der Herausforderung durch die »Schwellenmächte« oder »jungen Tiger« die Rede, denen der Westen seine enormen technischen Fortschritte gebracht hat und von denen er sie jetzt in Form wachsender Konkurrenz und als Gefährdung von Arbeitsplätzen zurück bekommt, und es ist – in Übereinstimmung mit allen politischen Heilsformeln – auch die Überzeugung ausgesprochen worden, daß dieser Gefährdung à la longue nur durch die Entwicklung immer ausgefeilterer, dafür aber auch immer komplizierterer, »hochspezialisierter« Produkte entgegengewirkt werden kann. Von alldem braucht hier kein Wort zurückgenommen zu werden.

Dennoch kommt nunmehr noch ein Problem hinzu, das es zwar auch früher schon gegeben hat, das von nun an aber schlechthin *beherrschend* sein wird: Während es der Menschheit bisher darum ging, *präsente* Probleme zu lösen, was mit den Methoden der Marktwirtschaft vorzüglich gelang, kommt es in dem Kontext, um den es jetzt zunehmend geht, mehr und mehr auf die Lösung *zukünftiger Probleme* an – auf die Lösung von Problemen und die Befriedigung von Bedürfnissen, die man noch gar nicht kennt und die möglicherweise sogar aus älteren technischen oder gesellschaftlichen

Entwicklungen entstanden sind. Es geht heute also nicht mehr so sehr um Reaktionen auf eine hinlänglich bekannte *Gegenwart,* sondern, etwas überspitzt gesagt, um Reaktionen auf die *Zukunft,* und das in einer Welt, die sich unaufhörlich verändert und damit Zukunftsprognosen ganz besondere Widerstände entgegensetzt.

Die Dynamisierung der Welt

Daß die moderne Welt auf eine geradezu dramatische Weise in Bewegung geraten ist, bedarf mittlerweile keiner besonderen Betonung mehr; das pfeifen die Spatzen von den Dächern. Und auch die *Verursacher* dieser Bewegung sind schnell ausgemacht: Es handelt sich um die *Naturwissenschaften* und die aus ihnen hervorgegangenen *Techniken,* die sich in der westlichen Welt seit etwa zweihundert Jahren entwickelt und von hier aus über die ganze Welt ausgebreitet haben.

Es gibt viele Kausalitätsstränge, die an der Entstehung der modernen Welt mitgewirkt haben. Nur zwei von ihnen, die besonders nachhaltige Konsequenzen hatten, sollen hier in aller Kürze – und mit der unvermeidlichen Unvollständigkeit – etwas näher skizziert werden:

Erst seit der zweiten Hälfte des 18. Jahrhunderts wurde allmählich das Problem der knappen *Energie* überwunden, indem zur Arbeitskraft von Menschen und Tieren in der Dampfkraft und später in der Elektrizität ganz neue, natürliche Formen der Energie hinzutraten. Die daraus resultierenden Entwicklungen zum Guten wie zum Problematischen waren ungeheuer und sollen hier nur mit einigen Stichworten angedeutet werden, die bewußt unsystematisch aneinandergereiht sind: eine unglaubliche Erleichterung, ja Humanisierung der Arbeitswelt, die massenhafte Produktion von Gebrauchsgütern, aber auch von Luxusgütern und damit ein immer bequemeres Leben von Millionen, Mengen anspruchsvoller Arbeitsplätze, ständig steigender Verbrauch von Rohstoffen, Kampf um Energiequellen, Umweltschäden, neue ungeahnte Verkehrsverbindungen und das damit verbundene »Kleinerwerden« der Welt, Möglichkeit neuer Informationstechniken usw.

Die Entwicklung war, wie etwa die moderne Medizin zeigt, auch nicht nur auf Techniken im herkömmlichen Sinne beschränkt. Mit Namen wie *Pasteur, Koch* oder *Semmelweis* verbindet sich eine systematische Verlängerung der menschlichen Lebenserwartung, die wohl als der größte Fortschritt der vergangenen Generationen zu bewerten ist. Aber auch sie hat gute *und* problematische Seiten, die wiederum in unsortierter Gemengelage aufgezählt werden sollen: Sicherheit vor vielen Krankheiten, Freiheit der Lebensplanung, Wohnraumknappheit, Altersmedizin, Alterseinsamkeit, vor allem eine ungeheuere Bevölkerungsexplosion mit allen ihren Auswirkungen, von der Massendemokratie bis zu knappwerdenden Friedhofsflächen.

Man könnte diese Aufzählungen fast bis ins Unendliche fortsetzen, und vor allem könnte man sie um Beispiele aus der Chemie, der Biologie, überhaupt aus den sogenannten Lebenswissenschaften verlängern. Wichtiger ist aber etwas ganz anderes: Keiner der Wissenschaftler und Erfinder, die die geschilderten Prozesse eingeleitet und vorangetrieben haben, hat wohl geahnt, was aus seinen Entdeckungen und Erfindungen eines Tages wirklich werden würde. *Gottlieb Daimler* hätte nur ungläubig den Kopf geschüttelt, wenn man ihm die Autoflotten vorausgesagt hätte, die heute alltäglich durch Deutschland rasen, vom Gedanken an das dazu nötige Autobahnnetz, an Autostaus von 60 oder 80 Kilometern und an Auswüchse wie die Formel-1-Rennen ganz abgesehen.

Und *Louis Pasteur, Robert Koch* und *Ignaz Semmelweis* hätten wahrscheinlich nicht schlecht gestaunt, wenn man ihnen vorausgesagt hätte, daß aus ihrer Arbeit *auch* eine Weltbevölkerung von sechs oder sieben Milliarden hervorgehen werde, ja, daß sich eines Tages ganz realistisch errechnen lassen werde, ab wann die CO_2-Mengen, die allein diese Menschenmasse ausatmet, auch durch die größten Anstrengungen von Wissenschaft und Politik nicht mehr ausgeglichen werden können. Heute ist man zwar imstande, exakt zu erklären, wie alle diese völlig objektiven Kausalitäten zum heutigen Zustand der Welt geführt haben. Der *umgekehrte* Vorgang, die *Prognose,* war aber schon diesen großen Männern – und dazu in einer noch relativ überschaubaren Welt – nicht möglich.

Seither sind die Kausalitätsketten, die wir hier ja nur grob angedeutet haben, noch viel zahlreicher und außerdem viel länger geworden. Und außerdem: Sie haben sich mit anderen Kausalitätsketten aus anderen Disziplinen, mit politischen Entscheidungen und nicht zuletzt mit ganz einfachen menschlichen Reaktionen zu dicken *Kausalitätssträngen* verdichtet, die die Komplexität der Geschehensabläufe noch einmal potenziert haben. Die Menschen verspüren das auch. Daher kommt das verbreitete Gefühl der *Unsicherheit,* ja mitunter der *Angst,* von dem unsere Medien je nach Bedarf berichten, aber auch die Skepsis gegenüber weiteren Veränderungen, die jeder Politiker zu spüren bekommt, der irgend etwas reformieren – und sei es auch nur zurückschrauben – möchte. Man kann das alles auch so ausdrücken: Die Welt verändert sich unaufhörlich, niemand weiß mehr in welcher Richtung und zu welchem Ende, und dennoch steht die Menschheit vor Problemen, die dringend einer Lösung und damit erneuter Veränderungen bedürfen.

Akzeleration

Die ständige Zunahme an Dynamik wie an Komplexität, von der im vorstehenden Abschnitt gesprochen wurde, gibt die wirkliche Situation allerdings wiederum nur unvollständig wieder. Es geht nämlich auch um die *Geschwindigkeit,* mit der sich die Veränderungen abspielen, und diese Geschwindigkeit *nimmt* praktisch von Jahr zu Jahr *zu.* Die modernen Gesellschaften sind also nicht nur immer neuen Fragen ausgesetzt, gleichgültig ob es sich dabei um positive oder negative Erwartungen, um Chancen oder Risiken handelt, sondern diese Fragen stellen sich auch immer schneller – und müssen auch immer schneller beantwortet werden. Konkret: Gefahren, die sich am Horizont abzeichnen, können deshalb so lange übersehen oder wenigstens diskutiert werden, bis es für ihre Abwehr zu spät ist, und Chancen, die sich plötzlich auftun, können auch verbummelt werden; die jüngste Geschichte der deutschen Wirtschaft ist voll von Beispielen für Erfindungen und Entwicklungen, die in Deutschland gemacht, aber in Asien gewinnbringend verwertet wurden, und weder die einschlägigen Unternehmensleitungen noch die zuständigen Ministerien sind darüber unruhig geworden.

Diese *Akzeleration* ist zwar nicht sehr tief in das Bewußtsein der Öffentlichkeit eingedrungen, beruht aber auf uralten Erfahrungen, die mit dem Zusammenhang zwischen Information, Entdekkung und Erfindung zu tun haben. Entdeckungen und Erfindungen sind, wie schon die Bezeichnungen klarmachen, stets neu, sie entstehen im Normalfall aber aus längst bekannten Informationen, die entweder überhaupt nur zu neuen Informations*mustern* zusammengefügt werden oder denen, etwas komplizierter, der eine oder andere neue Gedanke hinzugefügt wird. Für neue Entwicklungen kommt es infolgedessen nicht allein auf das Genie des jeweiligen Entdeckers oder Erfinders an, das – schicksalsmäßig – gegeben oder nicht gegeben ist, sondern genauso sehr darauf, daß das auf der Welt vorhandene Wissen möglichst vielen interessierten Menschen in möglichst kurzer Zeit *zugänglich* ist.

Die Geschichte dieser Verfügbarkeit soll hier nicht näher dargestellt werden, hier wären zunächst Organisationen wie Tempel, Klöster, Universitäten und Bibliotheken anzuführen, dann aber vor allem die großen Durchbrüche, die sich mit der Erfindung des Buchdrucks und später mit der Erfindung der elektronischen Medien vollzogen haben. Heute jedenfalls kann sich jeder Interessierte binnen weniger Sekunden von jedem beliebigen Punkt der Erde aus fast jede denkbare Information besorgen, daraus neue, unter Umständen weittragende Ideen, Entdeckungen und Erfindungen ableiten und diese dann ebenso rasch auf der ganzen Welt verbreiten. Und jede dieser Entdeckungen und Erfindungen kann für die Menschheit oder Teile von ihr eine ungeheuere Chance, aber auch eine ungeheuere Gefahr in sich bergen, worauf wiederum so schnell wie möglich reagiert werden müßte – positiv oder negativ!

Die Frage nach alldem ist, wie und vor allem in welchen Organisationsformen die Menschheit dieser doppelten Herausforderung Herr werden will. Die Zeiten, in denen man mit großen geschichtsphilosophischen Gedankengebäuden wie dem Marxismus oder der Spenglerschen Geschichtsphilosophie zurecht zu kommen hoffte, sind längst vorbei, schon weil sie die Zukunft aus der Vergangenheit zu interpretieren suchten, beide aber nicht mehr sehr viel Ähnlichkeit miteinander aufweisen. Und eine zweite Lösungsvariante kann man getrost auch zu den Akten schreiben: die Vorstellung, daß man der geschilderten Situation am besten durch die Zusammenballung des gesamten menschlichen Wissens in riesigen Bürokratien begegnen sollte. Solche Planungsbürokratien haben sich als genauso inflexibel erwiesen wie alle anderen Bürokratien der Welt. Ihr Beharrungsvermögen und die sich daraus ergebende Schwerfälligkeit stehen grundlegenden und vor allem raschen Korrekturen des bisherigen Kurses diametral entgegen, und sie sind daher kaum einmal imstande, das zu leisten, was heute mitunter am nötigsten ist: das angeblich Undenkbare doch zu denken und die praktischen Konsequenzen daraus zu ziehen. Daran sind die Planungsbürokratien des »realen Sozialismus« gescheitert, ebenso die Pariser und Bonner Planungsträume der siebziger und achtziger Jahre – ganz abgesehen davon, daß Planungsbürokratien auch politischen Vorgaben »von oben« genauso ausgesetzt sind wie jede andere Behörde. Die wissenschaftliche Untermauerung von Plänen, die an ganz anderer Stelle nach politischem Gutdünken konzipiert worden sind, ist aber das Letzte, was man in der hier dargestellten Lage gebrauchen könnte.

Der Leser ahnt bereits, welchen Schluß wir aus alldem ziehen wollen: den Schluß, daß in wirtschaftlichen Fragen der Markt und in politischen Fragen die offene, freiheitliche Gesellschaft immer noch die überzeugendsten Hoffnungsträger sind. Das ist nach allen historischen Erfahrungen in der Tat die erfolgversprechendste Lösung unseres Problems. Die Frage ist nur, ob es für die Hoffnung, die darin zum Ausdruck kommt, eine rationale Begründung gibt und ob diese Begründung auch halbwegs praktikabel ist.

Die Antwort: Freier Erfinder, freier Unternehmer, freier Markt

Wir haben es mit zwei Unsicherheiten zu tun: mit der über die sinnvollsten Grenzen zwischen Staat und Wirtschaft, vor allem aber mit der über die Chancen und Risiken, mit denen es die heutige Welt zu tun hat, und noch mehr über die, mit denen sie es in Zukunft zu tun haben wird. Und die alles entscheidende Frage lautet: Wie werden unsere Gesellschaften, die westlichen zumal, mit dieser zweiten, umfassenden Unsicherheit fertig?

Zwei Feststellungen haben wir dazu schon getroffen. Die erste besagt, daß große, spekulativ gewonnene Weltanschauungssysteme dazu nicht taugen. Ob Marxismus-Leninismus, ob ihre faschistischen Imitationen, ob geschichtsphilosophische Theorien, sie sind sämtlich aus dem Wissen – oder zumindest dem eingebildeten Wissen – einer ganz bestimmten Zeit entstanden, hätten, wenn sie auf unsere Fragen hätten antworten wollen, also auch unsere Zukunft voraussehen müssen und wären dazu genausowenig imstande gewesen, wie wir es sind. Die großen Planungsbürokratien aber, von denen viele Staaten noch vor einigen Jahrzehnten träumten, wären auf die gleichen Schwierigkeiten gestoßen wie die Ideologien, und dazu wäre noch ein weiteres Problem gekommen: die Starrheit und Unbeweglichkeit, die in großen Organisationen fast automatisch einreißt und die man deshalb nicht von ungefähr als Bürokratismus bezeichnet. Was aber dann?

Was ist notwendig?

Um einer Antwort auf diese Frage näher zu kommen, müssen wir zunächst einige ganz banale Überlegungen anstellen, die von dem etwas ungenauen Begriff des *Problems* ausgehen. Problem kann vielerlei sein: eine *Gefahr,* die man auf sich oder die Gesellschaft zukommen sieht, ein *Bedürfnis,* das noch nicht gedeckt ist, aber gedeckt werden sollte, schließlich eine *Chance* zur Verbesserung des Lebens, wiederum des Individuums oder der gesamten Gesellschaft. Schon im Interesse der flüssigeren Darstellung sollen diese Begriffe hier nicht immer nebeneinander verwendet werden, sondern unter dem Oberbegriff des Problems zusammengefaßt bleiben. Also noch einmal: Wie kommt man einem Problem bei? Dazu gibt es einen Ablauf von Tätigkeiten, der wiederum höchst banal ist:

1. Zunächst einmal gilt es, das Problem zu *erkennen.* Das wird in manchen Fällen sehr einfach sein, vor allem, wenn es sich um manifeste Gefahrenlagen handelt. In anderen Fällen ist schon ein erheblicher Aufwand an Kreativität, ja Phantasie nötig, besonders wenn es eher um Fragen der gesellschaftlichen Bequemlichkeit geht (wie etwa einst bei der Erfindung des Automobils).
2. Sodann kommt es selbstverständlich darauf an, eine *Lösung* des gefundenen Problems zu suchen und zu finden.
3. Nächster Schritt ist die konkrete *Planung* des gefundenen Lösungsprojekts. Hier geht es insbesondere um Fragen der technischen Realisierung und der dazu erforderlichen Organisation, zuvor natürlich auch um die *Entscheidung,* sich mit der Realisierung der gefundenen Lösung überhaupt zu befassen.
4. Schließlich muß das gefundene Projekt *verwirklicht* (»durchgezogen«) und in der Gesellschaft *bekanntgemacht* (»popularisiert«) werden.

Man könnte das Ganze auch noch in weitere Einzelschritte aufsplittern. Das soll hier aber nicht geschehen, um die Dinge nicht zusätzlich zu erschweren. Ein anderer Hinweis ist aber noch wichtig: Die Schritte, die hier aufgezählt worden sind, können selbstverständlich von ein und derselben Person gemacht werden, auch von ein und derselben Personengruppe (»Team«). Notwendig ist das aber nicht. Es können auch mehrere Akteure »hintereinander geschaltet« sein – Problementdecker, Erfinder, Produzent der Lösung, Verkäufer usw.; der Phantasie sind hier fast keine Grenzen gesetzt. Für unsere Zwecke kommt es darauf aber höchstens am Rande an.

Das Gesetz der großen Zahl

Es wäre ein Fehler, ausgerechnet in Fragen des Erfindens und Entwickelns dem Individuum, dem Einzelmenschen überhaupt nichts zuzutrauen. Zu allen Zeiten und in allen Ländern hat es *Genies* gegeben, die zu großen Leistungen – Entdeckungen oder Erfindungen – fähig waren, ja dieser Teil der menschlichen Geschichte ist genaugenommen der spannendste überhaupt. Aber auch hier spielt die Zahl eine Rolle. Wie wir schon gesehen haben, werden neue Ideen ja nicht auf freiem Felde entwickelt, sondern sie kommen dadurch zustande, daß längst bekannte Informationen zu neuen Informations*mustern* zusammengesetzt werden oder daß in solche Informationsmuster eine meist recht geringe Menge neuer Informationen eingefügt wird. Die Kenntnis des vorhandenen Wissens auf einem Gebiet, auf dem neue Probleme gelöst werden müssen, ist daher von wesentlicher Bedeutung, ebenso ihre jederzeitige Verfügbarkeit, und die hängt ihrerseits nicht nur von hochtechnisierten Informationssystemen, sondern vor allem auch von der Menge des Wissens ab, die im Kopf des einzelnen »Problemlösers« gespeichert ist. Je mehr Informationen er besitzt und je leichter sie für ihn verfügbar sind, desto wahrscheinlicher wird es auch, daß ihm »das Richtige einfällt«.

Trotz aller Anerkennung des menschlichen Genies ist allerdings unbestreitbar, daß es um die Menschheit schlecht stünde, wenn man sich *nur* auf dieses verlassen wollte. Viel aussichtsreicher ist es nach aller Lebenserfahrung, wenn an ein und demselben Problem mehrere Menschen oder auch Teams *nebeneinander* arbeiten. Dann gibt es nämlich eine größere Wahrscheinlichkeit dafür, daß wenigstens einer oder eines von ihnen erfolgreich ist, und je größer die Zahl derer ist, die sich mit dem gleichen Problem befassen, desto nachhaltiger steigt die Wahrscheinlichkeit des Erfolgs. Der Ansporn zur Leistung, der sich aus dem so entstehenden Wettbewerb ergibt, fördert die Geschwindigkeit der Arbeit, die zusätzlichen Informationen, die bei stufenweisem Vorgehen durch Veröffentlichungen vermittelt werden, tun das ihrige dazu und die Möglichkeit, gefundene Prototypen miteinander zu vergleichen, schafft ebenfalls zusätzliche Erkenntnischancen. Es ist das alte Prinzip von *Versuch und Irrtum,* das im vergangenen Jahrhundert *Karl R. Popper* wieder zu Ehren gebracht hat und das schon aus logischen Gründen die einzige Antwort auf die Fragen bietet, die durch das Scheitern von Ideologien und Bürokratien unbeantwortet geblieben sind.

Logik liegt auch noch aus einem anderen Grund in diesem Gedankengang. Das Prinzip von Versuch und Irrtum, das da und dort vielleicht noch durch Begriffe wie Vermutung oder Schätzung relativiert werden muß, bewahrt vom Vernunftglauben des 18. Jahrhunderts, der längst über Bord gegangen ist, so viel wie möglich. Niemand hält es heute mehr für möglich, daß gesellschaftliche Entwicklungen oder gar Entscheidungen *automatisch* erfolgreich, gut und vor allem weiterführend sind. Aber der Glaube ist doch auch nicht völlig aufgegeben. Es ist die Überzeugung geblieben, daß die Lösung von Problemen, wie wir sie hier umschrieben haben, jedenfalls *möglich* ist, und daß sie um so *wahrscheinlicher* ist, je mehr Menschen oder Institutionen sich an ihr beteiligen. Je mehr Einzelpersonen, Unternehmen und sonstige Einrichtungen sich am Aufspüren neuer Probleme beteiligen und je mehr sich an deren Lösung versuchen, desto größer wird auch die Wahrscheinlichkeit des Erfolgs!

Man kann sich auch diesen Vorgang mit einem harmlosen Vergleich erklären. Meinen Lesern sind sicher die Spiele bekannt, bei denen es darauf ankommt, eine Kugel, die von oben in ein System von Wegen und Irrwegen einläuft, möglichst bis zum unteren Ende des Spielfeldes, zu einer Art Ziel, laufen zu lassen. Diese Kugel wäre gewissermaßen mit einem Erfinder oder Unternehmer zu vergleichen, der sich die Lösung eines bestimmten Problems vorgenommen hat und dieses je nach seinem Geschick erreicht oder auch nicht. Meist gibt es bei diesen Spielen sogar die Möglichkeit, den Lauf der Kugel von außen her zu beeinflussen, je nachdem ob sie das Ziel erreichen soll. Das wäre dann gewissermaßen der Staat, der den Vorgang des Erfindens und Ausprobierens von außen her steuert.

Kommt es nun darauf an, daß *überhaupt* eine Kugel das Ziel erreicht, so ist es natürlich besser, wenn zu Beginn des Spiels nicht nur eine einzige Kugel eingesetzt wird. Je mehr Kugeln auf den Weg gebracht werden, desto größer wird die Wahrscheinlichkeit, daß wenigstens *eine* von ihnen das Ziel erreicht. Das ist genau die Situation, die im realen Leben eintritt, wenn ein zu lösendes Problem von mehreren Unternehmern oder Erfindern in Angriff genommen wird. *Sicher* ist der Erfolg auch dann nicht. Aber er wird mit jeder eingesetzten Kugel *wahrscheinlicher.*

Die Nähe dieser banalen Überlegungen zur Theorie des Marktes liegt auf der Hand und braucht daher nicht weiter erläutert zu werden. Am Ende ist es jedenfalls der Markt, der darüber entscheidet, ob ein neues Marktangebot wirklich »geht«, und das bedeutet ja, ob die Glieder der betreffenden Gesellschaft ein *Bedürfnis* dafür verspüren – und das wieder heißt, daß zumindest ihrer Ansicht nach tatsächlich ein lösungsbedürftiges Problem bestanden hat. Aber natürlich lassen sich auch die einzelnen Phasen der Arbeit an der Lösung als Märkte oder wenigstens als marktähnlich interpretieren. Das ist zwar eine terminologische Geschmacksfrage, doch sie stellt eine weitere gedankliche Querverbindung her, auf die wir hier eingehen müssen.

Die freiheitliche Gesellschaft

Daß alle die Fragen, Überlegungen, Planungen und Versuche, die wir in den vorstehenden Abschnitten als Voraussetzung für die Lösung gesellschaftlicher Probleme erkannt haben, in ausreichender Zahl möglich werden, hängt nämlich eng auch mit der »Menge« an *Freiheit* zusammen, die in einer Gesellschaft besteht. Es sind die verschiedensten Formen der Freiheit, auf die es hier ankommt: Zunächst, wenn es um das Erkennen und Lösen eines Problems geht, sind vor allem *geistige* Freiheiten gefragt, wie die allgemeine Freiheit des Denkens und Beobachtens, des Sich-Informierens, die Freiheit der Forschung, auch der gewerblichen Forschung, schließlich die Freiheit des Publizierens und der Kooperation mit anderen, die an der gleichen Frage interessiert sind. Später, wenn eine gefundene Lösung objektiv überprüft und wirtschaftlich verwertet werden soll, sind andere Formen der Freiheit gefragt, etwa die Freiheit des Investierens und Produzierens, die freie Bestimmung über das Angebot auf dem Markt, den geforderten Preis und den letztendlichen Vertragspartner, im Zusammenhang damit die Freiheit der Vertragsgestaltung und des Vertragsabschlusses und schließlich die Freiheit der Entscheidung über die Verwendung des gemachten Gewinns. Es gibt fast kein in den modernen Verfassungen garantiertes Freiheitsrecht, das in diesem Kontext nicht zu erwähnen wäre, und – das sei hier ausdrücklich wiederholt – je weiter alle diese Freiheiten in einer Gesellschaft wirklich bestehen, desto größer ist deren Chance, mit den Herausforderungen einer dynamisch gewordenen modernen Welt fertig zu werden.

Das – und nicht irgendwelche Unternehmerinteressen – ist der eigentliche Grund für die Gesellschaften und Staaten des 21. Jahrhunderts, am *Marktmodell* und dem ihm zugrundeliegenden Modell der *freien* oder *offenen Gesellschaft* festzuhalten und es, wenn nötig, wieder herzustellen, ja auszubauen. Am Ende geht es nicht um das Schicksal und Wohlergehen einiger »Kapitalisten«, sondern um das Überdauern ganzer Völker in einer in Bewegung geratenen, unberechenbar gewordenen Welt.

Aber unsere bisherigen Ergebnisse führen noch zu einer weiteren Überlegung. Wenn es darauf ankommt, daß sich an der Lösung der unaufhörlich auf uns einströmenden Probleme *möglichst viele* »Einheiten« beteiligen, dann ergibt es sich aus den Gesetzen der Logik, daß es sich bei diesen um relativ *kleine* »Einheiten« handeln muß – immer natürlich auf die Größe der Gesamtgesellschaft bezogen. Wo in der Wirtschaft die Konzerne und im Staat die großen Zentralen dominieren, schrumpft zwangsläufig die Zahl der potentiellen »Problemlöser« und damit auch die »Problemlösungskapazität« der gesamten Gesellschaft. Das *muß* zwar nicht, *kann* aber leicht zu einer Gefahr für ihre Überlebensfähigkeit werden, zumindest muß darauf ständig geachtet werden. Wir werden auch darauf noch einmal zurückkommen.

Schließlich muß noch ein Letztes bedacht werden. Solange die Menschheit, wie es im 18. Jahrhundert der Fall war, an ihre eigene, prinzipielle Vernunft glauben konnte, war es nur folgerichtig, daß sie auch an die Weisheit des Marktes, der öffentlichen Meinung, der wissenschaftlichen Forschung glaubte. In dem Moment, in dem man in dieser Beziehung die Sicherheit durch eine bloße *Wahrscheinlichkeit* ersetzt, muß auch die Möglichkeit schlechter, ja verderblicher Entwicklungen von vornherein in das Kalkül einbezogen werden.

In der Tat: Kein Mensch glaubt heute mehr daran, daß das Volk in seinen demokratischen Entscheidungen *nur* weise handelt, daß die freie wissenschaftliche Forschung *nur* segensreiche Ergebnisse hervorbringt und daß im Bereich der Wirtschaft *nur* nach den Kategorien des gemeinen Besten produziert wird. Die Beispiele, die wir in diesem Buch wenigstens am Rande erwähnt haben, sollen hier nicht wiederholt werden. Aber sie existieren, und wir haben auch aus ihnen die Konsequenzen zu ziehen.

Die Frage ist also, wie alle diese frei getroffenen Entscheidungen und frei in Gang gesetzten Entwicklungen *kontrolliert* und nötigenfalls *korrigiert* werden sollen, und vor allem, *wer* dazu berufen ist.

Nebeneinander: Wirtschaft und Staat

Allmählich kommt unsere Untersuchung zu ihrem Ergebnis. Rekapitulieren wir: Wir haben festgestellt, daß es eine exakte Trennung der Zuständigkeiten zwischen Wirtschaft und Staat nie gegeben hat und daß sie unter den Umständen der heutigen Politik auch gar nicht möglich ist. Schon deshalb kann hier vor manchen Übertreibungen der jüngsten Zeit nur gewarnt werden – weder gibt es in unserem System ein staatsfreies Territorium der Unternehmer noch sind die politischen und bürokratischen Instanzen unseres Landes mit soviel Weisheit geschlagen, daß es ein Segen wäre, wenn sie überall zur Mitsprache und Mitentscheidung berufen wären. Das Gegenteil hat sich herausgestellt: Eine absolute Garantie vernünftigen Handelns gibt es *weder* im Staat *noch* in der Wirtschaft oder sonstwo – einfach weil der Mensch nicht so geschaffen ist.

Gewaltenverschränkung

Wenn aber beide Seiten auch zu Irrtümern, Fehlern und sogar ausgesprochenen Fehlleistungen imstande sind, dann liegt es doch nahe, sie in einer Art *Gewaltenverschränkung* zusammenzuspannen, bei der jede Seite darauf zu achten hat, daß die Aktivität der anderen nicht aus dem Ruder läuft. So wäre es wohl recht sinnvoll gewesen, wenn in der Frage der amerikanischen Hypothekenpapiere einerseits die deutschen Banken selbst vorsichtiger gewesen wären, ja bei der Bankenaufsicht Sturm geläutet hätten und wenn andererseits die staatlichen Instanzen aufsichtlich eingegriffen, ja im Bedarfsfall sogar die Bankkunden gewarnt hätten, die sich heute »vom System« hintergangen fühlen – ganz abgesehen von der Frage, wofür die Wirtschaftsteile von Massenmedien eigentlich gut sind, wenn sie nicht ihrerseits solche Gefahren erkennen und ihre Konsumenten *massenwirksam* davor warnen. Das »System« hat, obwohl es eigentlich genug Potential hat und zudem noch volle Freiheit genießt, in dieser Frage weitgehend versagt.

Gefordert wird hier nicht eine Gewaltenteilung, wie sie nach unseren Verfassungen zwischen Legislative und Exekutive oder gar zwischen Bundestag und Bundesrat besteht – also in der Art, daß die eine Seite nichts ohne die Zustimmung der anderen tun kann oder daß sie zum mindesten deren vorhergehende Erlaubnis (»Ermächtigung«) braucht. Wohl aber geht es um ein *System gegenseitiger Beratung, Warnung und Kontrolle.* Der Staat muß vor bestimmten Verhaltensweisen der Wirtschaft warnen können, ohne dabei die Gefahr von Schadenersatzprozessen fürchten zu müssen, und wenn das in camera caritatis unwirksam bleibt, muß er es auch öffentlich tun können. Die Wirtschaft muß in solchen Debatten nicht nur mit dem Verlust von Arbeitsplätzen und ähnlichen für den Staat bedenklichen Unbilden drohen, sondern sie muß sich auf Diskussionen einlassen, die auch alle anderen in Frage kommenden, gesamtgesellschaftlichen Gesichtspunkte mit einbeziehen. Dazu wieder nur ein Beispiel: Daß wir ausgerechnet erst heute, in der Krise, Überkapazitäten in der Automobilindustrie entdecken, müßte doch eigentlich nicht sein. Ebensowenig müßte es sein, daß das umweltfreundliche Kleinauto, das seit Jahren gefordert wird, erst jetzt, wieder unter dem Eindruck der Krise, massiv vorangetrieben wird. Bei *etwas* offenerem Reden und vor allem bei *etwas* ernsthafterem Zuhören in den vergangenen Jahren könnte das alles längst auf Kiel liegen.

Nochmals: Es geht hier nicht um staatlichen, gar gesetzlichen Oktroy, sondern um Ratschläge und Appelle, die auf der banalen Erfahrung beruhen, daß vier Augen mehr als zwei sehen und daß Beobachtungen von Politikern oder Beamten auch in wirtschaftlichen Fragen nicht automatisch falsch sein müssen, so wenig politische Ratschläge von Wirtschaftlern falsch sein müssen. Deswegen ist auch der Vorwurf einer staatlichen »Industriepolitik«, wie er von ökonomischer Seite so leicht erhoben wird, in vielen Fällen nicht berechtigt. Wenn Deutschland wirklich eine soziale Marktwirtschaft behalten will, wird es sich der aktiven Unterstützung zukunftsträchtiger, aber im Augenblick bedrohter Wirtschaftszweige kaum enthalten können. Außerdem kann die Wirtschaftsgeschichte der Bundesrepublik Deutschland mit einer langen Liste von Erfindungen aufwarten, die in Deutschland gemacht, in den Chefetagen der deutschen Industrie aber verschlafen wurden. Was hätte es verschlagen, wenn eine deutsche Regierung hier zunächst deutliche Empfehlungen ausgesprochen und nötigenfalls selbst Investoren und Produzenten gesucht hätte? Indianderreservate sind das Fragwürdigste, was man sich heute leisten kann – in beiden Richtungen.

Beschwerden über eine staatliche »Industriepolitik« kommen derzeit meist »von rechts«. »Von links« wird den hier entwickelten Vorstellungen dagegen eher entgegengehalten werden, daß nach ihnen nicht nur dem Staat eine Mitsprache in wirtschaftlichen Dingen, sondern auch der Wirtschaft eine Mitsprache in politischen Fragen zugebilligt wird. Der Einfluß der Wirtschaft, so wird es heißen, sei ohnehin schon zu groß, man solle ihn nicht noch weiter vergrößern. Natürlich gibt es bereits jetzt Einflüsse der Wirtschaft auf politische Entscheidungen, und jedermann weiß auch, daß sie nicht immer auf das gemeine Beste ausgerichtet sind. Aber Kooperationen zwischen denen, die den allgemeinen Wohlstand schaffen, und denen, die mit ihm das Leben der Gesellschaft zu gestalten haben, sind unumgänglich – und die Finanzierung der politischen Parteien durch Spenden aus der Wirtschaft, einst das vorzüglichste Einfallstor für unangemessene Einflußnahmen, ist längst gekappt. Heute ist der Einfluß schwankender Stimmungen im Volk und ihrer Verstärkung durch Fernsehen und Boulevardpresse größer als der Einfluß der Wirtschaft.

Einige Detailfragen

Verhaltensregeln, die beachtet werden müßten, wenn aus den vorstehenden Ausführungen ernsthafte Konsequenzen gezogen werden sollten, sind nicht leicht zu formulieren; ein vollständiges Tableau soll hier auch gar nicht geboten werden. Aber einige zentrale Forderungen lassen sich doch »festmachen«, und das soll mit aller gebotenen Vorsicht versucht werden.

Beginnen wir mit den berechtigten Forderungen der Wirtschaft. Sie lebt prinzipiell nach den Regeln von Versuch und Irrtum, und das ist nach hier vertretener Auffassung immer noch die beste und erfolgreichste Form der Entscheidungsfindung. Staat und Politik müssen das so weit wie irgend möglich respektieren. Aber sie müssen auch darüber wachen, daß die Voraussetzungen für das Funktionieren dieses Systems bestehen bleiben, nötigenfalls wieder hergestellt werden und daß vor allem auch offensichtliche Fehlentwicklungen (soziale Frage, Ökologie, Klimaproblem u. ä.) korrigiert werden. Allerdings: Hier sind objektive Fehlentwicklungen gemeint, nicht Verstöße gegen irgendwelche Ideologien!

Der Bereich, in dem Versuch und Irrtum oder, anders ausgedrückt, das Marktmodell Anwendung finden, sollte so weit wie irgend möglich ausgedehnt werden. Das wird im Laufe der nächsten Jahrzehnte schon deshalb notwendig werden, weil die rasche Veränderung der Welt immer größere Flexibilität verlangen, dabei aber auf westliche Demokratien stoßen wird, deren Wählerschaft immer älter werden und damit eine zunehmende Unbeweglichkeit zeigen wird. Und auch das muß klar sein: Die größere Beweglichkeit eines Unternehmens ist nicht schon gesichert, wenn es nicht mehr »Behörde« oder »Anstalt«, sondern »Aktiengesellschaft« heißt und seine Bosse nicht nach staatlichen Besoldungsordnungen entlohnt werden. Über den Umfang von Unternehmensanteilen, die der Staat zur Wahrnehmung seiner eigenen Anliegen besitzen darf, wäre also noch einmal genau zu reden. Das mag bei einer Bank anders sein als bei einem Automobilbauer, bei der Bundesbahn anders als bei einem Energiekonzern und kann mit Sicherheit nicht für alle diese politisch relevanten Unternehmensarten gleich beurteilt werden.

Wer das Feldgeschrei gehört hat, das sich wegen staatlicher Interventionen in die laufende Finanzkrise erhob, läßt sich leicht darüber hinwegtäuschen, was die deutsche Wirtschaft gegenwärtig *wirklich* einengt. Das sind ja nur im Ausnahmefall Dinge wie Konkurrenzverschiebungen durch Staatsbürgschaften, wie der Aktienerwerb durch den Bund oder gar die Regelung allzusehr ins Kraut schießender Managergehälter. Das entscheidende Thema liegt an einer ganz anderen Stelle: Die Forderung nach einer entschlossenen Verringerung der die Wirtschaft einschränkenden Bestimmungen hat auch in Krisenzeiten immer noch grundsätzliche Bedeutung. Sie zielt auf die bewußte Erweiterung des Freiheitsspielraums der Wirtschaft und damit des Spielraums für Kreativität und Innovation.

Das Thema wird in der Praxis nicht leicht zu bewältigen sein, weil einer grundlegenden Verringerung der geltenden Vorschriften – sagen wir um dreißig oder vierzig Prozent – fast alle Kräfte und Neigungen im Weg stehen werden, die sich auf diesem Gebiet bisher getummelt haben: die verfassungsrechtlich abgestützten Forderungen der Gerichte nach immer konkreteren gesetzlichen Regelungen, die kindliche Freude deutscher Abgeordneter, Beamter und Verbandsfunktionäre an der Produktion neuer Paragraphen, das Sicherheitsbedürfnis ängstlicherer Gemüter, auch unter den deutschen Unternehmern. Und hinzu kommt noch die Tatsache, daß viele von den Vorschriften, die heute die wirtschaftliche Aktivität einengen, gar nicht mehr von deutschen Parlamenten und Regierungen erlassen werden, sondern einerseits von anonymen DIN-Ausschüssen, andererseits von der EU-Bürokratie in Brüssel.

Trotzdem muß dieses Problem angepackt und Schritt für Schritt einer Lösung zugeführt werden. Natürlich werden viele Bestimmungen, über die sich manche Vertreter der Wirtschaft beklagen, nach wie vor Bestand haben müssen, weil sie manifeste Gefahren für Mensch, Tier und Natur abwehren sollen. Noch mehr Vorschriften atmen aber den Geist einer übertriebenen, bürokratischen Ordnungsliebe, deren Einschnürungseffekte mehr Schaden anrichten als ihre Beachtung Nutzen bringt. Die Regierung der großen Koalition hat recht daran getan, dem Erlaß solcher Bestimmungen durch die Einschaltung eines sogenannten Normenkontrollrates in das Gesetzgebungsverfahren entgegenzuwirken. Aber das reicht bei weitem nicht aus, weil die meisten einschlägigen Paragraphen in *alten* Gesetzen stehen und sich um diese bisher niemand kümmert. Zuzugeben ist, daß damit eine Sisyphos-Arbeit gefordert wird. Nur darf auch dieses Wissen die Notwendigkeit der Arbeit nicht verdecken. Den dafür eingesetzten Arbeitsgruppen müßte ganz einfach vorgegeben werden, sie hätten binnen eines bestimmten Zeitraums, etwa eines Jahres, einen bestimmten Prozentsatz der ihnen unterbreiteten Vorschriften außer Kraft zu setzen und sodann ihre Arbeit fortzusetzen, mit ähnlichen Vorgaben.

Das ergäbe zusätzliche Gestaltungsräume für die Wirtschaft, die sie auch dringend benötigt. Aber auch das kann keine Einbahnstraße sein. Sehen wir uns die verfassungsrechtliche Situation an: Die Geschichte des Grundgesetzes zeigt einerseits, daß sich der Parlamentarische Rat nicht von vornherein auf ein bestimmtes Wirtschaftssystem festlegen wollte; das hat auch das Bundesverfassungsgericht wiederholt betont. Andererseits sind alle Freiheiten, die für eine Marktwirtschaft unverzichtbar sind, in einzelnen Grundrechtsartikeln des Grundgesetzes garantiert – Berufsfreiheit und Eigentum ohnehin, die anderen ökonomischen Freiheiten, wenn auch unter anderem »Namen«, ebenfalls; man denke nur an Rechte wie die Vereinigungsfreiheit, die Freizügigkeit und nicht zuletzt das allumfassende »Hauptfreiheitsrecht«

des Art. 2 Abs. 1 GG, die freie Entfaltung der Persönlichkeit. Etwas salopp könnte man wohl sagen, daß die Marktwirtschaft im Grundgesetz zwar nicht als einziges Wirtschaftssystem »zementiert« ist, daß sie dort aber insgesamt gut abgesichert ist und infolgedessen auch nicht beliebig durchbrochen oder gar ausgehöhlt werden darf.

Die Einschränkung, die in dieser Formulierung zum Ausdruck kommt, erklärt sich aus den *Gesetzesvorbehalten,* die allen diesen Grundrechten angefügt sind. Weder im Grundgesetz noch in anderen Verfassungstexten sind die Freiheitsrechte nämlich schrankenlos gewährleistet, sondern es wird dem Gesetzgeber auch das Recht zu ihrer Einschränkung eingeräumt. Allerdings muß er dafür überzeugende Gründe haben und sich an ganz bestimmte Grenzen halten, und darüber haben in aller Regel unabhängige Gerichte zu wachen, in Deutschland vor allem das Bundesverfassungsgericht.

Die wichtigste und allgemeingültigste von diesen Grenzen ist das Prinzip der *Verhältnismäßigkeit.* Es läßt Eingriffe des Staates in Freiheitsrechte immer nur dann zu, wenn sie geeignet und erforderlich sind und den Bürger so wenig belasten wie möglich (»mildestes Mittel«). Das mag etwas vage erscheinen, und ist es zunächst wohl auch. Aber es ist die entscheidende Grenze für Eingriffe des Staates in die Wirtschaft.

Freilich ist die Darstellung des Verhältnismäßigkeitsprinzips, die wir bisher gegeben haben, noch sehr verkürzt. Sie verschweigt, daß man über die damit angerissenen Fragen – Geeignetheit, Erforderlichkeit, mildestes Mittel – erst entscheiden kann, wenn man *Ziel und Zweck* der fraglichen Maßnahme kennt. Darum geht normalerweise der politische Streit und darüber hat letztlich auch das höchste Gericht zu entscheiden.

Im vorliegenden Zusammenhang geht es, wie zu betonen ist, allerdings weniger um verfassungsrechtliche Erwägungen als um die Frage, nach welchen *politischen* Maßstäben Eingriffe in einzelne Unternehmen oder auch in die Marktwirtschaft als Ganzes zu beurteilen sind. Aber auch der gesunde Menschenverstand wird bei der Beantwortung solcher Fragen keine anderen Wege gehen können. Entscheidend bei jedem Versuch einer Problemlösung werden immer drei Punkte sein: 1. die exakte Analyse des in Frage stehenden Problems, 2. die Entscheidung über Ziel und Zweck der staatlichen Reaktion auf das Problem und dann erst 3. die Entscheidung über die zu diesem Zweck zu treffenden Einzelmaßnahmen.

Zunächst das Wichtigste: Die Marktwirtschaft hat sich bisher bewährt, ja sie hat die wesentlichen Gesellschaften zu einem Gipfel an Wohlstand und Weiterentwicklung geführt. Wenn sie nun einige Ermüdungserscheinungen und Fehlleistungen zeigt, müssen diese eben behoben werden. Der gelegentlich zu hörende Ruf nach einem Systemwechsel zugunsten einer zentralen Verwaltungswirtschaft schießt aber über das Ziel *meilenweit* hinaus. Diese Debatte muß entschlossen beendet werden. Man behebt Krankheiten nicht durch die Tötung des Patienten oder gar durch die Ausrottung der ganzen Menschheit.

Wenn es aber nur um *Korrekturen* am System der Marktwirtschaft geht, die als Lehre aus den augenblicklichen Erfahrungen nötig werden, so muß noch einmal unterschieden werden: Handelt es sich um *allgemeine* Defizite, die sich in der gegenwärtigen Krise herausgestellt haben und nunmehr behoben werden sollen, so reichen die bisher für eine solche Gesetzgebung geltenden verfassungsrechtlichen Regeln aus; das gilt etwa für die Verschärfung von Bilanzregeln, Bewertungsvorschriften und Qualitätssicherungsregeln. Werden dagegen *im Einzelfall* ausgesprochene Notstandsmaßnahmen ergriffen, etwa bei der Übernahme ganzer Banken (Hypo Real Estate!) durch den Staat, so dürfen Bestimmungen, die die Regierung dazu ermächtigen, nicht auf die Dauer Bestand haben, weil ihr Mißbrauch in der Zukunft, vor allem aber die schleichende Ausdehnung auf Fälle, für die sie ursprünglich gar nicht gedacht waren, nie auszuschließen ist. Hier verlangt schon der politische Anstand eine *Verfassungsänderung*, die solche gesetzliche Maßnahmen nur für eine eng befristete Zeit zuläßt und außerdem deren Gültigkeit davon abhängig macht, daß sie exakte Schlußtermine für jede einzelne Maßnahme festlegen (»Junktim«!). Man mag dem entgegenhalten, daß sich Zeitschätzungen dieser Art nicht immer genau vornehmen lassen. Aber das ist kein wirklich zwingendes Argument. Der moderne Gesetzgeber erläßt so viele Vorschriften, daß er auch einmal eine Fristverlängerung beschließen kann – wenn sie denn wirklich nötig ist.

Denn eines muß zum Abschluß dieses Kapitels noch einmal mit aller Klarheit herausgestellt werden: Auch wenn sich absolute, unübersteigbare Grenzen für staatliche Interventionen in wirtschaftliche Geschehensabläufe heute nicht mehr feststellen lassen, steht in den Fragen, die wir hier untersuchen, die Wirtschaft im Vordergrund.

Sie ist grundrechtlich geschützt, sie ist der Teil, der handelt, und der Staat ist allenfalls zu Kontrolle und Korrektur berufen. Das begründet sich auch nicht aus übertriebener Fürsorge für Unternehmer und Aktionäre, sondern es hat seinen Grund in den Eigengesetzlichkeiten der sozialen Variante der Marktwirtschaft. Der Staat ist je nach Betrachtungsweise selbst das Volk oder zumindest der Vertreter des Volkes, die Wirtschaft aber ist die Kuh, von deren Milch das Volk lebt. Wenn er diese Kuh krank werden sieht, muß er eingreifen, wenn er ihr aber dabei die Luft zum Atmen nimmt, gefährdet er seinen eigenen Auftraggeber – unter der Voraussetzung freilich, daß die Verteilung des Sozialprodukts, das heißt die *Staatsquote* für beide Seiten einigermaßen auskömmlich ist. Unser Volk braucht Wirtschaft und Staat zusammen, nicht die eine Seite vor der anderen, und danach sollten sich beide auch richten.

Zum Abschluß noch eine ganz andere Betrachtung: Die Geschwindigkeit, mit der sich unsere Welt verändert, macht zwar zunächst einmal rasche, kurzfristige Entscheidungen notwendig. Nur werden dadurch *langfristige Perspektiven* nicht überflüssig; denn letzten Endes hängt vieles davon ab, daß solche Momententscheidungen »Schritte in die richtige Richtung sind«, wie eine beliebte Redensart lautet, und in der Tat: Bei jeder kurzfristigen Entscheidung ist es sehr hilfreich zu wissen, ob sie für einen sich abzeichnenden Trend nützlich oder abträglich ist, ob sie »in den Trend paßt« oder nicht. Es wäre z. B. schon viel gewonnen, wenn man wüßte, daß alle energiepolitischen Maßnahmen von heute gerade solche Energiequellen fördern, von denen unsere Enkel leben müssen. Nicht weniger wichtig wäre es zu wissen, wie stark die absehbare Schrumpfung der Bevölkerungszahlen in den nächsten vier oder fünf Jahrzehnten wirklich sein wird und wie sich Wirtschaft und Arbeitsmarkt darauf einstellen werden. Die Beispiele ließen sich fast beliebig vermehren. Nur werden dem bisher weder die öffentlichen Diskussionen noch die bekanntgewordenen Planungen von Wirtschaft und Staat gerecht. Den Politikern wirft man nicht zu Unrecht vor, daß sie nur von Wahltermin zu Wahltermin denken, und für ihre Antwort, daß die Vorstände der großen Konzerne allmählich nur noch von Vierteljahresbericht zu Vierteljahresbericht dächten, gibt es ja ebenfalls gute, belegbare Argumente. Es besteht also ein unleugbarer Bedarf an *langfristigen* Prognosen und Planungen, in die sich die kurzfristigen Entwicklungen nötigenfalls einpassen müßten, die aber auch mit jeder neuen tatsächlichen Erfahrung konkretisiert und gegebenenfalls korrigiert werden müßten.

Davon kann in unserem Land bisher keine Rede sein. Solche – naturgemäß vagen – Langzeitperspektiven gibt es bisher kaum, auch die Medien, von deren privilegierter Freiheit so etwas eigentlich erwartet werden könnte, versagen auf diesem Gebiet vollständig. Die »Priorität des Kurzfristigen« beherrscht alles, und das kann auf die Dauer nicht gutgehen.

Kein Mensch erwartet seitenlange und obendrein noch verbindliche Pläne; mit diesen ist die Menschheit in den vergangenen Jahrzehnten ja gerade gescheitert. Aber eine halbwegs offene Diskussion über die *Richtung*, in der sich unsere Gesellschaften entwickeln *sollen* oder zumindest entwickeln *werden*, könnte Wunder wirken.

Es wäre schon viel gewonnen, wenn man sich auf ein kleines Gremium erfahrener Frauen und Männer aus Politik, Kultur und Wirtschaft verständigen könnte, das alljährlich *eine* zukunftsträchtige Frage aufwirft und damit verbindlich eine zweitägige Bundestagsdebatte auslöst. Antworten auf greifbare Fragen gibt es in ausreichendem Maße; daran ist kein Mangel, nur sind sie meist nach kurzer Zeit schon »obsolet«, wie es so schön heißt. Das Gremium, von dem hier die Rede ist, sollte aber selbst keine Antworten geben. *Es sollte Fragen stellen, die sonst keiner stellt.*

Weltkonzerne

Bis zum Ende der achtziger Jahre waren die marktwirtschaftlich verfaßten Ökonomien zwar die erfolgreichsten der Welt, aber sie waren nicht die einzigen. Mit ihnen konkurrierten Nationalökonomien, die mehr oder weniger dem Modell der Zentralverwaltungswirtschaft anhingen, aus unterschiedlichen ideologischen Gründen, aber auch in unterschiedlichsten Formen und Abstufungen. Das hat sich mit dem Zusammenbruch des »real existierenden Sozialismus«, wie die schöne Bezeichnung heißt, um das Jahr 1990 herum grundlegend geändert. Nunmehr verschwanden die Elemente des Staatshandels, die es bis dahin fast auf allen Weltmärkten gegeben hatte, zunehmend aus der wirtschaftlichen Realität; es bildeten sich Weltmärkte, die die Bezeichnung als Märkte wirklich verdienten, und auch ein Name für diese Entwicklung war bald gefunden: *Globalisierung* – treffend wegen des Umfangs, den die Bewegung hatte, auch wegen der Dynamik, die er signalisierte, irreführend allerdings insoweit, als er verdeckte, daß es sich bei der »Globalisierung« nicht nur um einen ökonomischen, sondern auch um einen geistigen

Umbruch handelt und daß dieser auch schon sehr viel früher begonnen hat, als es die Erfindung des Wortes nahelegen möchte.

Das Zusammenwachsen der nationalen und regionalen Märkte zu Weltmärkten hatte natürlich auch seine Auswirkungen auf die Größe und Zahl der auf ihnen agierenden Unternehmen. Seit dem Beginn der jetzt sogenannten Globalisierung hat es in allen Teilen der Welt eine nicht enden wollende Welle von Firmenzusammenschlüssen gegeben, die überwiegend einen einzigen Zweck verfolgten: Unternehmensgrößen zu schaffen, die dem erhöhten Konkurrenzdruck auf den immer größer werdenden Märkten standzuhalten vermögen und die – selbstverständlich – auch die neuen Chancen wahrnehmen können. Dabei mußte es sich nicht unbedingt um Fusionen im unmittelbaren Sinne des Wortes handeln; es hat auch Versuche zu bloßen Kooperationen und lockereren Zusammenschlüssen gegeben. Im Vordergrund standen aber doch wohl »echte« Fusionen, das heißt: es sind in großer Zahl *Riesenunternehmen* von weltweitem Zuschnitt entstanden, wie man sie früher nur ausnahmsweise kannte, mit Interessen, Niederlassungen und selbst Steuerungszentren auf der ganzen Welt – und mit immer geringer werdenden Bindungen an ein bestimmtes Land und seine Wirtschaft.

Nationale Großkonzerne

Wir wollen die internationale Komponente der geschilderten Entwicklung, vor allem aber die Frage des Verhältnisses solcher Weltkonzerne zu den einzelnen nationalen Regierungen für den Augenblick einmal außer Betracht lassen, sondern nur nach Veränderungen fragen, die sich für die nationalen *Märkte* ergeben haben. Dann steht im Vordergrund, daß die Zusammenschlüsse vieler Unternehmen, wie schon einmal angedeutet, selbstverständlich zu einer merklichen Verringerung der auf den einzelnen Märkten agierenden Unternehmen führ en können. Das hat nach den Gesetzen der Marktwirtschaft vor allem zwei Folgen: eine, die aus naheliegenden Gründen im Vordergrund des öffentlichen Interesses steht, und eine, auf die weniger geachtet wird, die auf die Dauer aber zu bedenklichen Konsequenzen führen *könnte*.

Das öffentliche Interesse richtet sich verständlicherweise darauf, daß es bei einer Verringerung der auf einem Markt agierenden Unternehmen auch zur Verringerung des Konkurrenzdrucks und damit zu einem unerwünschten Ansteigen der Marktpreise kommen kann. Im Falle der Globalisierung dürfte das aber die kleinere Sorge sein, weil es ja auch neue Konkurrenten geben wird, nämlich Produzenten, die sich bisher auf anderen, nationalen oder regionalen Märkten betätigt haben und nun erst mit solchen Konkurrenten zusammenstoßen, die bisher auf anderen, vergleichbaren Märkten tätig waren. Es mag sein, daß sich die Wettbewerbslage dadurch sogar etwas intensiviert hat, verschlechtert im Sinne des Konsumenten hat sie sich bestimmt nicht.

Das andere Problem liegt nicht so deutlich vor den Augen der Öffentlichkeit. Um es zu verstehen, muß man sich klarmachen, daß es *Bürokratie* nicht nur beim Staat und den anderen Gliedern der »öffentlichen Hand« geben kann, sondern genausogut in gesellschaftlichen und wirtschaftlichen Organisationen. Aber so ist es tatsächlich: Die Gefahr der Verbürokratisierung hängt nicht von der Rechtsform einer Organisation ab, sondern allein von ihrer Größe. Große Konzerne sind vor ihr nicht sicherer als große staatliche Behörden.

Das bedeutet im Klartext: Die zunehmende Vergrößerung der auf den heutigen Märkten arbeitenden Unternehmen birgt – neben allen positiven

Effekten, die hier gar nicht geleugnet werden sollen – auch die Gefahr in sich, daß diese Unternehmen Einbußen an Flexibilität und Kreativität erleiden, also genau an jenen Eigenschaften, die zu mehr Entwicklung und Fortschritt – und das heißt im Endeffekt zu größerem Wohlstand – führen. Das kann zu Fehlentwicklungen im Gesamtsystem führen, die diesem langsam, aber unaufhaltsam den Vorzug vor anderen Wirtschaftsordnungen nehmen, vor allem die Fähigkeit, wirklich Wohlstand für alle zu schaffen. Im Extremfall würde das System sich gewissermaßen selbst ersticken.

Man mag sich damit beruhigen, daß die Gefahr, von der hier die Rede ist, nicht unter allen Umständen wirksam werden muß und daß sie sich möglicherweise auch nur in kleinen Schritten realisiert. Gleichwohl besteht sie und sollte nicht auf die leichte Schulter genommen werden, zumal sie ja noch mit der weiteren Gefahr verbunden ist, daß die großen Konzerne, um die es hier geht, leicht auch weniger gewinnträchtige, weil nur in einzelnen Regionen der Welt gängige Produktionen außer acht lassen. Für die Marktwirtschaft ist es daher von großer Bedeutung, daß zwischen den große Konzernen und in den Nischen, die sie freilassen, immer wieder neue, kleinere, dafür aber auch beweglichere und kundennähere Unternehmen nachwachsen. Deshalb gehört es heute zu jeder ernsthaften marktwirtschaftlichen Politik, zugleich eine effektive *Mittelstandspolitik* zu betreiben. Einzelheiten sollen auch in diesem Zusammenhang nicht erörtert werden. Es mag der Hinweis genügen, daß eine solche Mittelstandspolitik zwei große Komponenten haben müßte: einerseits die Förderung von Existenzgründungen, wie sie in Deutschland seit langem und in unterschiedlichsten Formen betrieben wird, andererseits den Schutz kleinerer Unternehmen gegen jene Konzentrationskräfte, die sowohl von den Konzernen selbst als auch von ihrer Kooperation mit Staatsbehörden und Gewerkschaften ausgehen. Auch Etatisierung ist Sozialisierung.

Die Staaten und die internationalen Konzerne

Sobald große Konzerne ihr Aktionsfeld über die Grenzen eines einzelnen Staates ausdehnen, treten noch zusätzliche Probleme auf. Zunächst wird kein vernünftiger Staat ein Unternehmen unterstützen oder protegieren, das ihm selbst keine Vorteile bringt, sei es durch Zahlung von Steuern, sei es durch Schaffung und Bewahrung von Arbeitsplätzen. Dabei versteht es sich von selbst, daß Unternehmen in den Ländern, in denen sie ihre Produkte absetzen wollen, auch Betriebsstätten und damit Arbeitsplätze schaffen müssen und daß auch niedrigere Löhne ein legitimes Motiv dazu sein können. Dennoch wird jede Regierung darauf achten, daß die Vorteile, die ein Unternehmen in ihrem Lande genießt, nicht außer Verhältnis zu jenen Vorteilen stehen, die das Land und seine Bürger von diesem Unternehmen haben – wobei wiederum Steuerleistungen und Arbeitsplätze im Vordergrund der Betrachtung stehen werden. Es gibt, um nur ein Beispiel zu nennen, gut belegte Zahlen dafür, wie viele deutsche Arbeitsplätze durch ins Ausland »ausgelagerte« Arbeitsplätze geschaffen oder zumindest gesichert werden, und niemand wird der Bundesregierung verübeln können, daß ihre Neigung, im Krisenfall helfend einzugreifen, proportional zu dieser Verhältniszahl steigt oder abnimmt. Jedenfalls sind solche Überlegungen sehr viel angemessener als die gelegentlich zu hörende Forderung, ein Unternehmen deshalb zu subventionieren, weil es sich bei ihm um eine »uralte deutsche Marke« handle – und das in einer Zeit, in der gleichzeitig Dutzende anderer alter Marken Fusionen zum Opfer fallen.

Aber das ist, wie gesagt, nur *eine* Seite des Hinauswachsens vieler Unternehmen über die Grenzen ihres Herkunftslandes. Eine andere ist viel dramatischer. Je größer ein Unternehmen wird und je tiefer es auch in anderen Ländern verwurzelt ist, desto schwieriger wird es für jeden der involvierten Staaten, ihm gegenüber die kontrollierenden und korrigierenden Funktionen wahrzunehmen, von denen in den bisherigen Abschnitten dieses Buches gesprochen worden ist. In den weltweit agierenden Konzernen ist den bestehenden Nationalstaaten – ebenso wie den ihnen nachgebildeten, freilich auf europäischer Kolonialpolitik basierenden Staaten der Dritten Welt – eine Macht entgegengetreten, wie sie die Welt seit dem Ende der alten Kolonialgesellschaften nicht mehr gekannt hat; gelegentlich hat man den Eindruck, als fehle solchen Unternehmen nur noch die völkerrechtliche Souveränität, um eine Staatsform völlig neuer Art zu präsentieren.

Die logische Konsequenz wäre es, solchen Superunternehmen auch einen »Superstaat« gegenüberzustellen. Aber damit hat es gute Wege. Einen »Weltstaat« wird es wohl nicht geben, soweit die menschliche Vorhersicht reicht, und die Vereinten Nationen samt ihren Untergliederungen vermögen ihn in ihrem heutigen Zustand auch nicht annähernd zu ersetzen. Was bleibt, ist die Hoffnung auf eine enge – und immer dichterwerdende – Zusammenarbeit wenigstens der wichtigsten und einflußreichsten Staaten. Aufforderungen dazu hat es in den zurückliegenden Jahren immer wieder gegeben, vor allem im Zusammenhang mit den sattsam bekannten Währungsspekulationen. Viel Erfolg hatten solche Anregungen leider nicht; von den zum Handeln fähigen Staaten fanden sich immer einzelne, denen solche Ideen nicht in den Kram paßten, weil sie sich in der jeweiligen Situation gerade Vorteile für sich selbst ausrechneten. Eine Zwischenlösung mit mehr Realitätsgehalt, als ihn die Reform der UN, aber auch die Zusammenarbeit einzelner einflußreicher Staaten bietet, wäre wohl, auf die schon jetzt bestehenden weltweiten Institutionen (IWF, Weltbank, Welthandelsorganisation usw.) und die unterschiedlich entwickelten regionalen Zusammenschlüsse (EU, Asean, SAARC, auch Nato usw.) gewissermaßen als Kristallisationskerne zu setzen, die dann allerdings mehr als bisher miteinander vernetzt werden müßten. Aber das ist im Augenblick mehr Notwendigkeit als reale Aussicht.

Allerdings sieht es gegenwärtig, im Frühjahr 2009, so aus, als ob sich in absehbarer Zukunft an dieser schwierigen Lage doch etwas ändern könnte, und zwar nicht nur im Kontext der internationalen Finanzwirtschaft, sondern ganz allgemein im Hinblick auf Regeln für die grenzüberschreitenden Wirtschaftsbeziehungen. Die gegenwärtige Finanzkrise unterscheidet sich von allen ihren Vorgängerinnen nämlich in einem wesentlichen Punkt: Sie ist weltweit und *alle* werden von ihr infolgedessen gleichzeitig bedroht. Es besteht also zumindest die vage *Hoffnung* auf ein Tätigwerden der *gesamten* Weltgemeinschaft. Niemand weiß im Augenblick, ob es dazu kommen wird, und erst recht nicht, wie das dann gefundene Normensystem aussehen wird. Nur soviel ist sicher: Es wäre auf die Dauer unerträglich, wenn innerhalb der einzelnen Staatsgrenzen durchweg gebundene Marktwirtschaften bestünden, diese sich auf den Weltmärkten aber nach den Regeln eines Raubtierkapitalismus begegnen müßten.

Nationalwirtschaften als Unternehmen

Das Erstarken Chinas in den letzten Jahren wirft eine Frage, die sich der eine oder andere wohl schon im Zusammenhang mit Japan oder Südkorea gestellt hat, in voller Schärfe auf. Das Reich der

Mitte arbeitet nämlich mit einer bemerkenswerten Kombination von Marktwirtschaft und autoritärer, selbstverständlich auch wirtschaftslenkender Regierung. Steuerungsrechte von diesem Umfang haben weder die japanische noch die koreanische Regierung für sich jemals beansprucht und im Falle Chinas sind sie zumindest so lange nicht ausreichend beachtet worden, wie man dieses Land als einen Aufsteigerstaat betrachten konnte, der in der Weltwirtschaft frühestens in ein, zwei Generationen eine Rolle spielen würde. Aber eine von diesen Generationen ist jetzt vorbei und die andere hat China, um im Bilde zu bleiben, in einer atemberaubenden Aufholjagd einfach eingedampft. Es besteht also jeder Anlaß, das Problem von Nationalwirtschaften, die sich zwar marktwirtschaftlicher Methoden bedienen, trotzdem aber zentral gesteuert werden, genauer ins Auge zu fassen.

Läßt man, um wenigstens eine gewisse Klarheit zu schaffen, die Führungsprobleme des riesigen Reiches für einen Augenblick beiseite, so kann man sich vorstellen, daß es sich bei China um ein riesiges Einzelunternehmen handelt, das zwar im Innern weitgehend dezentralisiert arbeitet und damit die Vorteile der Marktwirtschaft einstreicht, das nach außen aber eben als Einheit auftritt und damit auf den internationalen Märkten die Vorteile eines Weltunternehmens genießt. Die westlichen Unkenrufe, die diese kombinierte Staats- und Wirtschaftsform als die erfolgreichste anpreisen, die überhaupt denkbar ist, kommen also nicht von ungefähr, selbst wenn man sie primär nur als Indizien für den Verlust westlichen Selbstbewußtseins und damit mehr als eine Degenerationserscheinung bewertet.

Die westliche Welt wird sich auf diese Art von Konkurrenz auf die Dauer einstellen müssen, und sie wird auch gut daran tun, sich nicht mit der Erwartung zu trösten, die chinesische Wirtschaft werde zumindest die *Qualität* westlicher Produkte noch lange nicht erreichen; es gibt nicht den geringsten Anhaltspunkt für die Hoffnung, daß auf die erste Aufholjagd keine zweite folgen kann.

Zweifelhaft kann allerdings die *Stabilität* der erwähnten Kombination sein. Die Stabilität Chinas ist – entgegen weitverbreiteter Annahmen – zumindest nicht absolut sicher. Man muß den Teufel nicht an die Wand malen wollen, um einige sehr bedenkliche Sollbruchstellen zu erkennen: die nationalen und zum Teil auch religiösen Großgruppen (Han-Chinesen, Uiguren, Mandschus, Tibeter), deren kleinere immer wieder ein Selbstbestimmungsrecht einfordern; sodann die uralte chinesische Neigung zur Geheimbündelei (die Falun Gong soll heute bereits mehr Mitglieder haben als das wiedervereinigte Deutschland); vor allem aber das ständig zunehmende Wohlstandsgefälle zwischen den Küsten- und den Binnenlandprovinzen. Niemand weiß, wohin das führen wird.

Klar ist nur folgendes: Bricht das Reich auseinander, so wird das nicht ohne großes Blutvergießen vor sich gehen. Sein Fortbestand wird aber wohl nur durch ein nach wie vor autoritäres Regime gesichert werden können, was die Gefahr weiterer massiver Menschenrechtsverletzungen, zugleich aber die Gefahr wachsender Inflexibilität im Gefolge haben kann – also gewissermaßen eine Verkrustung auf der Ebene des Riesenreiches. Gewiß: Keine von diesen Entwicklungen kann mit einiger Sicherheit vorausgesagt werden, vielleicht lassen sich sogar alle durch eine kluge und besonnene Politik vermeiden. Dennoch wird China noch auf lange Zeit ein sehr schwer berechenbarer Mitspieler in der Weltpolitik bleiben.

Die gegenwärtige politische Führung Chinas scheint sich in vielen der hier nur angerissenen Fragen auf einem Weg der Zwischenlösungen bewegen zu wollen. In der Menschenrechtsfrage bleibt es bei den bekannten Verletzungen, zugleich aber wird ein »Dulde und liquidiere«-System favorisiert, wie es uns Deutschen aus dem Preußischen Allgemeinen Landrecht von 1794 bekannt ist. Tibetische und uigurische Separationsbestrebungen werden mit brutaler Gewalt unterdrückt, aber der Einsatz militärischer Macht über die Reichsgrenzen hinweg unterbleibt geflissentlich. Der Marxismus-Leninismus als Staatsdoktrin wird weiterhin nach Kräften beschworen, aber die Parteitagsbeschlüsse interpretieren ihn zunehmend so, daß die Grenze zwischen Auslegung und Abschaffung nur noch schwer zu erkennen ist. Die gigantischen Leistungen für die Infrastruktur, die wir im Westen zum Teil bewundern, zum Teil aber auch für überspitzt halten, werden durch Myriaden von schlecht bezahlten Arbeitern erbracht, in den Sonderwirtschaftsgebieten dagegen werden nicht weniger gigantische Privatvermögen zugelassen. Und last not least: Die Umsetzung der Zentralpolitik nach unten, in die Provinzen und kleineren territorialen Einheiten hinein, ist alles andere als homogen, und man weiß nie, wie weit dafür nur die Unendlichkeit des Raumes oder schon eine bewußte Duldung verantwortlich ist.

Die Flexibilität, um nicht zu sagen die Freiheitlichkeit, die Marktwirtschaften auf die Dauer zum Überleben brauchen, kann auf allen diesen Wegen erhalten bleiben oder sogar wachsen, sie kann aber, wenn sich die Dinge ungünstig entwickeln, genausogut schrumpfen oder gänzlich erstickt werden. In dieser Beziehung wird es China auf absehbare Zeit mit Unsicherheiten zu tun haben, die denen des Westens vergleichbar sind – wenn auch auf ganz anderen Feldern.

Der Westen wird sich also wappnen müssen. Nicht mit Bürokratie, sondern mit dem Mut zur Freiheit.